J'AI UN ADO…
MAIS JE ME SOIGNE

Du même auteur :

Même pas grave ! L'échec scolaire, ça se soigne, Lattès, 2006.

www.editions-jclattes.fr

Olivier Revol
avec Josée Blanc Lapierre

J'AI UN ADO...
MAIS JE ME SOIGNE

JC Lattès

ISBN : 978-2-7096-2993-5

© 2010, éditions Jean-Claude Lattès.
Première édition septembre 2010.

À mes parents,
Il m'a fallu un peu plus de cinquante ans
pour arriver à leur dire... MERCI.

Avant-propos

Lyon, septembre 1994

Stade de Gerland, concert des Pink Floyd.

Difficile de rater ça ! Ce groupe a marqué les années 70, en créant un son qui restera éternellement lié à cette période. J'attendais beaucoup de ces retrouvailles. La première demi-heure est plutôt décevante. On commence même à s'ennuyer ferme, à regarder quatre quinquagénaires s'agiter mollement sur d'interminables solos de guitare électrique.

À vrai dire, le spectacle est plutôt dans le stade. Voir trois générations assister au même concert, ce n'est pas banal. Je suis même persuadé que des grands-parents ont amené leurs enfants et leurs petits-enfants !

Je suis à la limite de m'endormir lorsqu'un bruit d'hélicoptère envahit le stade.

Et là, cela devient vraiment magique...

Avant même que les premières notes ne retentissent, teenagers, baby-boomers, papys-mamys se lèvent d'un bond et entonnent le célèbre refrain :

« *We don't need no education*[1]... »

---

1. « Nous n'avons pas besoin d'éducation... »

Le vieux stade est secoué comme aux plus beaux jours des coupes d'Europe de football. Au milieu du terrain, sur la scène, Nick Mason et Roger Waters semblent surpris par la tournure prise par leur prestation qui s'annonçait plutôt tranquille.

« *We don't need no thought control*[1]. »

La tension monte encore dans les gradins. Curieusement, les générations s'entremêlent, les familles s'enlacent, les bras se lèvent, et tous chantent à l'unisson.

« *No dark sarcasm in the classroom...*
Teachers leave the kids alone...
Hey teachers leave us kids alone[2] ! »

Là, c'est franchement du délire !

Voir un tel enthousiasme familial a quelque chose de touchant, mais aussi de surprenant. Savent-ils tous vraiment de quoi il s'agit ?

« *All in all, you're just another brick in the wall*[3]. »

Le bouquet final ! Le public exulte.

Adolescents d'hier et d'aujourd'hui, tous savourent ensemble cette ode aux générations qui passent, s'entrechoquent et se retrouvent. Une fois le mur franchi. Cette forteresse responsable de tant de malentendus et qu'il est pourtant possible de faire tomber bloc après bloc, à condition d'avoir la patience nécessaire. Et surtout beaucoup d'amour à donner.

Sans rancune...

L'adolescence est universelle, immuable....

---

1. « Nous n'avons pas besoin que l'on contrôle nos pensées... »
2. « Assez de ces sombres sarcasmes en classe
Professeurs, laissez les enfants tranquilles
Hé ! Les profs, foutez la paix aux enfants ! »
3. « De toute façon vous n'êtes qu'une brique de plus dans le mur. »

Introduction

« Je vous les donne... »

La scène est surréaliste.
La dernière consultation, celle de 20 heures, s'annonce sportive.
L'atmosphère de la salle d'attente est étouffante. À droite, affalé sur trois sièges, Julien, seize ans, paraît peu concerné. Les yeux mi-clos, les cheveux en vrac qui reviennent en vagues sur le visage, l'Ipod scotché sur les oreilles, saoûlé sans doute par la musique lancinante que l'on perçoit à travers les écouteurs. Visiblement, il n'est pas ravi d'être là, et il le montre...
En face, des parents standard. Plus classiques. Désemparés et surtout agacés par leurs vaines tentatives pour réanimer leur fils.
Mon arrivée achève de plomber l'ambiance. Les regards croisés se chargent de colère et de découragement, tandis que le père de Julien esquisse un geste rageur.
D'un mouvement de main, j'appelle au calme. L'urgence est de créer rapidement un climat chaleureux, une relation de confiance... Surtout ne pas rater cette première rencontre plutôt mal engagée.
Je m'approche du mutant mutique qui entrouvre un œil et daigne ôter un écouteur, au grand soulagement du banc d'en face. Faire semblant d'être bien élevé, c'est déjà l'être un peu.

Avec toute l'empathie du monde, je lâche en souriant :

— Bonsoir, Julien, je suis le docteur Revol. Je te reçois dans quelques minutes, mais avant je souhaiterais voir tes parents seuls…

Un grognement poli m'encourage à tenter un trait d'humour :

— Tu me les prêtes ?

Julien esquisse un sourire ravi et rétorque, du tac au tac :

— Non, je vous les donne…

Bingo ! La flèche a atteint son but, en plein cœur des parents, déjà pétris de culpabilité :

« Qu'a-t-on fait pour en arriver là !? »

Assez classique.

Un fils qui n'en fait qu'à sa tête : « Lâchez-moi, je me débrouille mieux tout seul. »

Des parents morts d'inquiétude et impuissants : « Comment l'aider à sortir de cet échec, que va-t-il devenir plus tard ? »

Entre eux, un mur d'incompréhension qui ne cesse de s'élever.

Chaque jour, j'ai droit à des appels au secours identiques qui submergent les consultations de pédopsychiatrie : « On ne peut plus rien lui dire », « Il ne quitte plus sa chambre », « Il veut tout arrêter, les cours, le sport, quitter la maison… », « Il est en train de gâcher son avenir »…

Le phénomène explose, sans doute parce que l'on commence à s'y intéresser. Un peu comme une pandémie, mais contre laquelle un vaccin n'est pas nécessaire ! Car nous ne sommes pas face à une maladie. Juste une petite révolution. Renoncer à l'enfance et construire sa vie d'adulte, ce n'est pas rien ! Une sorte de deuxième naissance qui se déroule, forcément, dans les cris et la douleur. Et que, par chance, chacun oublie vite, une fois la zone de turbulences traversée. Une métamorphose qu'il est indispensable de réussir, et pour laquelle chacun a son rôle à jouer, parents, ados, médecins. Car l'enjeu est de taille, être enfin sous les projecteurs de la vie d'adulte, mais sans rater son entrée !

INTRODUCTION

Rien de grave donc. Seulement l'expression d'un conflit de génération intemporel, qui a toujours existé et qui touche toute la planète adolescente. Un moment où les parents qui s'interrogent aussi sur eux-mêmes sont moins disponibles. Où ils sont déboussolés. Comme face à une porte verrouillée dont le code aurait changé. Les laissant sur le carreau. Moi le premier.

« Have fun ! »

Juin 2007, 7 h 30 pétantes...

Assis au volant, je m'impatiente.
Comme chaque matin, j'emmène mes quatre enfants à l'école.
Les deux petits sont déjà installés à l'arrière et chahutent gaîment en commentant les nominations et les sorties probables de l'émission de télé-réalité du moment. Comme d'habitude, on attend les deux grands. Je tente de masquer mon agacement en m'intéressant au programme de la journée.
Enfin, un crissement sur les graviers, le portail qui claque, deux clones s'engouffrent dans la voiture. L'ambiance devient subitement plus pesante. Prudemment, Jim et Maelle ne mouftent plus. Je branche la radio, première erreur ! Elle est pré-réglée sur Nostalgie. La réaction ne se fait pas attendre :
— Tu peux arrêter ta musique périmée... !
J'effleure le bouton numéro deux. France Info. Juste pour leur offrir un minimum de culture, un brin d'actualité. Deuxième erreur ! Pas de chance, le buzz du jour n'est pas très fun... Curieusement, pas de réaction immédiate de mes deux « fashion victims », trop occupées à vérifier leur look dans les miroirs de courtoisie. L'état de grâce ne dure pas. Lorsque les informations reviennent en boucle pour la deuxième fois, j'ai droit à un cinglant :

— *On n'est pas obligés de supporter ta radio d'amnésique !*
Les petits osent à peine respirer. Pour éviter de plomber l'ambiance, je cède et enclenche NRJ. Jim et Maelle applaudissent et reprennent en chœur le tube du moment. Julien monte le son, tout vibre dans l'habitacle. Pas très studieuse l'atmosphère...

Me revient en mémoire la remarque d'une maman américaine, récemment mutée à Lyon, qui m'amenait son fils pour des difficultés d'adaptation : « C'est bizarre chez vous, les enfants n'ont pas l'air ravi de se rendre à l'école... » Je ne peux qu'approuver et j'en profite pour lui demander comment se passent les démarrages du matin dans son pays. Elle me fait alors cette réponse stupéfiante, qui m'a été confirmée par la suite : « Chez nous, quel que soit l'âge de nos enfants, lorsqu'on les dépose en cours, on leur dit tous "have fun !"[1]. »

Je me suis promis d'essayer.

— *C'est bon, arrête-toi là !*

Le ton comminatoire me ramène brutalement à ma réalité de chauffeur de car scolaire, version Macumba !

Le rituel veut que l'on dépose d'abord les lycéens. À cent mètres de l'établissement bien sûr, sinon « ça fait pitié ! ». D'ailleurs, j'ai l'impression qu'ils gagnent un mètre tous les matins...

Les portières claquent et mes deux zèbres installent leur sac à dos avec le même mouvement de reptation des épaules, en marmonnant un « tchô » imperceptible, qui en dit long sur leur enthousiasme. Je ne suis pas sûr d'avoir choisi le meilleur jour, mais je tente ma petite expérience. Avant qu'ils ne s'éloignent, je baisse ma vitre et lance un joyeux « Amusez-vous bien ! » appuyé d'un mouvement de la main, un peu ridicule. Raté ! Ils me regardent tous les deux avec un mélange de compassion et d'irritabilité.

C'est rien de le dire, à quel point on est loin de l'effet escompté ! Étrange d'ailleurs pour des accros à la musique

_____
1. « Amuse-toi bien ! »

« HAVE FUN ! »

américaine, de surcroît, élevés un temps au Canada[1]... J'ai même eu un peu peur pour mon pare-brise !

Je redémarre, direction le primaire et le collège. Les deux petits sont morts de rire.

Je les embrasse encore plus tendrement que d'habitude, comme pour les inciter à ne pas grandir trop vite...

Je repars « à vide », zappe sur RFM en savourant le calme. J'ai hâte d'arriver à l'hôpital et de recevoir mes premiers jeunes patients.

C'est tellement plus facile avec les enfants des autres...

---

1. *Même pas grave !*, O. Revol, Lattès, 2006.

I.

« Prendre le large »

L'adolescence, tout simplement

1. Enzo : « Dites-leur… »

Enzo hésite, sort de mon bureau, s'apprête à fermer la porte puis se ravise.

Je n'oublierai jamais le moment où il a passé sa tête dans l'embrasure, mi-penaud, mi-complice :

— Si, dites-leur…

Enzo a dix-huit ans. Brun, les cheveux courts savamment rassemblés en crête sur le sommet de la tête grâce à l'effet « mouillé » du dernier gel à la mode. Tee-shirt serré, pantalon un peu trop bas à mon goût, qui laisse « négligemment » apparaître le haut du caleçon, et surtout la marque ! Bref, l'ensemble est plutôt adapté à l'époque.

Il vient de réussir son baccalauréat, avec l'oral de rattrapage, et vient me l'annoncer, sans triomphe excessif, au décours de ce qui pourrait être notre dernière consultation.

Je m'occupe d'Enzo depuis qu'il a quatorze ans. À cette époque, la situation est critique. Il vit seul avec ses parents, ses deux grands frères ont quitté la maison après de brillantes études.

Je le reçois en urgence. Suite à une convocation des parents au commissariat pour vol d'un DVD à la Fnac. Malaise ! Particulièrement insupportable lorsque maman est professeur de droit !

Lors de cette première consultation l'ambiance est plus que tendue. L'atmosphère à couper au couteau. Dans son coin, Enzo ne moufte pas. Aucun d'eux n'imaginait se retrouver un jour dans le cabinet d'un pédopsychiatre ! Mais là, il y a le feu et ce premier contact est censé décontaminer la relation entre Enzo et ses parents. Donner du sens à ce premier débordement dans une famille jusque-là sans histoire. J'essaie d'être rassurant :

— Il y a sûrement une explication, on va essayer de comprendre le geste de votre fils.

Seul avec moi, Enzo annonce la couleur :

— Je ne vois pas bien ce que je viens faire ici. Je pense que c'est plutôt eux qui auraient besoin de voir un psy...

Ce geste, il ne se l'explique pas. De l'impulsivité, peut-être ? Au cours de l'entretien et des tests, il ne montre rien d'inquiétant. Pas de volonté de nuire, pas de propos délirants, pas de signes dépressifs. À priori. Je propose donc de le revoir. Même si je ne le sens pas convaincu :

— Je veux bien essayer, mais je ne vous promets rien.

Ce n'est pas gagné, mais la porte est entrouverte.

La seconde consultation arrive plus vite que prévu. Cette fois-ci, l'alerte vient du collège. Du principal qui se fait un devoir de prévenir les parents : Enzo a été surpris avec un pistolet à billes, modèle mitraillette. Même scénario dans mon bureau, mini psychodrame en présence des parents :

— Vous voyez bien qu'on ne peut pas lui faire confiance.

Enzo intervient en secouant la tête :

— C'est un copain qui m'a demandé de la garder pour lui...

Nouvelles promesses, nouveaux regrets...

Seul avec lui, Enzo me paraît partagé entre l'envie de banaliser et la crainte de décevoir. Un peu comme s'il redoutait que je le laisse tomber. À l'instar de beaucoup d'adolescents, il préfère prendre les devants :

— C'est mal parti ! Mieux vaut peut-être arrêter là.

Message reçu. Pas question de le lâcher.

Les mois suivants sont émaillés de provocations du même type. Enzo présente systématiquement deux visages : opposant, fermé, désagréable en présence de ses parents. Compréhensif et attentif à mes remarques lorsqu'il est seul. Peu à peu, il accepte l'idée que son comportement est dicté, inconsciemment, par une agressivité dirigée exclusivement contre sa mère :

— Vous pensez vraiment que je pourrais faire ça juste pour l'embêter, et pourquoi ?

— Je ne sais pas. Est-ce que tu as des raisons de lui en vouloir ?

Comme souvent dans ces cas-là, les ados ne répondent pas tout de suite. Enzo semble réfléchir avant d'énoncer dans un soupir :

— Quand elle rentre du boulot et qu'elle me retrouve devant la télé, elle croit que je n'ai rien fait du tout. De toutes façons, son seul sujet de conversation, c'est l'école.

L'objectif des consultations à venir va être d'identifier ce qu'il reproche à sa mère : ne parler que de la réussite de ses aînés, se lamenter de la médiocrité de ses résultats, le sermonner sur ses fréquentations, déplorer qu'il ait interrompu le piano… Et, bien sûr, l'excès d'ordinateur. Bref, une mère qui passe son temps à le dénigrer.

Avec Enzo, nous avons mis en place une sorte de rituel.

Je reçois d'abord ses parents. Doléances :

— On n'y arrivera jamais, franchement c'est décourageant ! Il nous reproche de ne pas lui faire confiance, mais il se comporte comme un gamin de douze ans…

Après le bureau des pleurs, l'objet du scandale que je vois seul. Toujours touchant et déconcertant à la fois. Lui aussi estime qu'il n'y arrivera pas. Et cela me rassure. En effet, comme il n'exprime aucun triomphalisme mais plutôt des regrets, c'est la preuve d'une non-volonté chez lui de faire du mal. Il s'agit donc bien d'un symptôme, dont il accepte progressivement de reconnaître le sens. Une addition un peu salée qu'il présente à ses parents estimés injustes.

La déception qu'il lit dans les yeux de sa mère devient insupportable, au point d'avoir envie sans cesse de l'agresser. Pas frontalement d'ailleurs. Aucune raison de saboter l'ambiance familiale, avec un père plutôt complice et bienveillant. Peut-être trop d'ailleurs… Alors sans doute est-il plus aisé, et plus efficace, pour ce fils en mal de reconnaissance, « d'appuyer là où ça fait mal ». De maltraiter sa mère jusqu'à l'atteindre à travers sa profession. Comme se mettre en échec quand des parents enseignants en demandent trop, il est particulièrement violent de transgresser la loi quand sa mère est juriste.

Après chaque entretien avec Enzo, réunion de famille pour restituer ma version des attitudes des uns et des autres. L'occasion de relancer le dialogue. De responsabiliser Enzo. Et comme chaque fois, avant de se quitter, de lui demander sur le ton de l'humour :

— Que souhaites-tu que je leur demande aujourd'hui ?

Ses réponses varient selon le contexte. Le plus souvent, j'ai droit à : « Qu'ils me laissent jouer à l'ordinateur quand mon travail est fini » ou encore « qu'ils m'achètent un portable, je suis le seul de la classe à ne pas en avoir… ». Invariablement, ma réponse invite à la remise en question avant toute forme de négociation :

— Et toi, que leur donneras-tu en échange ?

— Je serai plus sympa avec eux…

Il doit s'engager auprès de moi.

À l'issue de la consultation un consensus doit être obtenu.

Durant deux longues années, les entretiens se déroulent à l'image de la vie d'Enzo et de ses relations avec sa famille. Chaotiques… !

À vrai dire, la maman d'Enzo a souvent jeté l'éponge. Je reçois alors un papa bien seul, gêné, tentant maladroitement de m'expliquer ce qu'estime sa femme :

— Ces consultations ne servent à rien. De toute façon, elle pense que nous sommes tous les trois, Enzo, vous et moi, ligués contre elle, et elle ne voit donc aucun intérêt à venir…

Son absence est sans doute l'expression d'une réelle souffrance, ce qui complique la thérapie. Je l'appelle plusieurs fois au téléphone pour avoir son avis, et lui rappeler mon attachement à sa présence. J'en profite pour mesurer l'étendue de son découragement :

— Ça n'avance pas ! Je n'y crois pas.

De mon côté, je rame pour valoriser les « progrès » de son fils. Car celui-ci ne me facilite pas la tâche : notes falsifiées, faux mots d'absence, vols dans les grands magasins. Tout ce que j'ai logiquement interprété comme des représailles. Avec, cerise sur le gâteau, la revente de haschisch au sein du dernier établissement scolaire dans lequel j'avais pu, à l'arraché, le faire intégrer en classe de première...

Bon gré mal gré, il passe en classe supérieure. Avec mon appui. L'année du bac, la plus difficile pour lui. Comme si, en s'approchant du but, Enzo cherchait désespérément le moyen de retarder l'échéance. Celle qui le conduirait inévitablement à se désengager d'une relation mère-fils tellement passionnelle qu'elle ne semblait pouvoir se terminer que dans la violence. Enzo a alors accumulé les âneries. Toujours aussi pénibles à vivre au quotidien pour les parents, mais indiscutablement moins graves : perte des clés de la maison, bagarres à l'école, réveil tardif le matin des bacs blancs...

Pourtant, il continue d'honorer ses consultations. Et d'accepter notre rituel permettant la mise en place de nouveaux contrats. Qui m'obligent à faire preuve de plus en plus d'imagination !

— Si on obtient de tes parents que tu puisses tout de même partir au ski ce week-end, es-tu prêt à travailler chez Mac Donald le week-end prochain, pour rembourser les clés et les serrures de l'appartement ?

Ou encore :

— Si j'appelle l'école pour que tu passes tout de même ton bac blanc, es-tu d'accord pour le faire en étude samedi matin... ?

Chaque nouvel accord obtenu est une petite victoire pour Enzo sur lui-même, et la preuve affichée aux yeux de ses parents, de sa bonne volonté. Une motivation pour s'améliorer qui a toujours existé, mais qu'il a juste fallu canaliser. Un tunnel que nous avons creusé ensemble. Jusqu'à entrevoir la lumière.

Car aujourd'hui, la situation est bien différente. Ils sont là tous les trois face à moi, étrangement sereins. Pour la première fois depuis quatre ans, pas d'agressivité, quelques sourires, et un constat...

— On n'a rien de spécial à vous dire cette fois !

— Rien du tout !? j'insiste, incrédule.

Nous sommes début juillet, l'année scolaire vient tout juste de s'achever.

— Non, il est plutôt agréable, presque serviable... au fait, il vient de réussir son bac... Et il s'est inscrit en fac de droit !

Je me garde bien de fanfaronner, du genre : « Vous voyez que j'avais raison de ne pas m'inquiéter. » Trop peur de briser cet équilibre fragile, si récent pour être déjà pérenne. Profil bas, je félicite les parents pour leur accompagnement au cours de ces années, en suggérant au passage que ce sont les enfants difficiles qui nous font « avancer ». Leur réponse se limite à un gros soupir. Puis, comme toujours, je les dirige vers la salle d'attente et la vedette du jour fait son entrée dans mon bureau.

Enzo est rayonnant. Il donne l'impression d'être débarrassé d'une chape de plomb estampillée « Éducation nationale ». Il reconnaît que, depuis qu'il a son bac (une mission considérée comme impossible par sa mère), l'ambiance est au beau fixe. Elle l'a accompagné se faire pré-inscrire en fac de droit, toute fière de le présenter aux collègues juristes rencontrés pour l'occasion. C'est dire ! Peut-être la fin des turbulences et l'installation durable de l'anticyclone, enfin...

Une brusque remontée du baromètre qui ne doit pas remettre en cause notre rituel, maintenant solidement ancré dans nos habitudes. Sans me laisser gagner par l'euphorie ambiante, je rappelle notre contrat :

— Que dois-je leur dire aujourd'hui ?

Enzo sourit, secoue la tête doucement, et lâche dans un souffle :

— Rien...

— OK, je considère plutôt ça comme une bonne nouvelle !
Tu peux aller les chercher, on va leur dire…

C'est là, à cet instant, alors qu'il est dans le couloir, qu'Enzo
se ravise, repasse sa tête dans mon bureau, et m'annonce, avec
infiniment d'émotion :

— Si, j'ai un truc à leur dire, mais je n'y arriverai pas.
Dites-leur, vous, à ma place… Dites-leur MERCI !

Les parents s'installent, en face de moi. Dernier acte d'une
longue aventure qui se termine dans l'autodérision générale :

— Ne me prends pas ma place ! dit madame à son mari.

— Il y a tellement longtemps que tu n'es pas venue… je ne
me souvenais plus quel était ton siège, lui répond-il en riant.

Porté par cette ambiance joyeuse, j'entre dans le jeu :

— Savez-vous ce qu'Enzo m'a demandé de vous dire ?

Un ange passe, les ailes chargées de souvenirs amers… La
maman d'Enzo se raidit soudain.

— Ça recommence ! Qu'est-ce qu'il vous a encore sou-
tiré…!? demande-t-elle.

Gagné par l'émotion, je me tourne vers Enzo :

— Pas de regrets, je leur fais part de ce que tu m'as dit ?

Son hochement de tête est éloquent.

— Oh, il m'a juste demandé de vous dire MERCI !

Face à moi, trois adultes pleurent, parce que le plus jeune
d'entre eux vient de les remercier de ne l'avoir jamais lâché,
malgré tout, malgré lui…

Une façon magistrale pour Enzo de conclure. Valider que,
contrairement à ce qu'il voulait maladroitement prouver par son
comportement, il reconnaissait, au bout du compte, avoir vraiment de très « bons » parents. Tout simplement…

Des parents qui ont su l'accompagner, sans quitter le spectacle avant l'heure… un spectacle qui a pour titre : « Même pas
mal ! »

2. « Même pas mal ! »

« Même pas mal ! » lance l'adolescent, content de lui. De vous montrer qu'il n'a plus besoin de vous. Car il a grandi ! Et au cas où vous ne l'auriez pas remarqué, il va vous le faire savoir. Vous montrer de quoi il est capable. Attachez vos ceintures, car ce risque-tout n'a peur de rien. Il a besoin de se tester et va vous offrir un numéro d'équilibriste, à vous mettre la tête à l'envers. Alors, surtout ne quittez pas la salle avant la fin. Préparez-vous au contraire à le rattraper si besoin. Car s'il sent que vous êtes là, à votre place, dans la pénombre... il risque de mieux réussir sa sortie.

L'entrée en scène, cela se prépare. Et savoir quel rôle jouer, pas si simple. Commence alors un long processus de maturation, si possible allongé, les yeux clos. Ne pas déranger l'ado, il lutte contre lui-même ! Assailli dans son corps et dans sa tête par les paradoxes et les idées confuses : Capable ou pas capable ? Partir ou rester ? Garçons ou filles ? Plaire ou déplaire ? Épuisant !

Agaçant, disent les parents. De voir ce mutant à deux faces, l'une fragile l'autre pas, perdre ses années. Gâcher son potentiel dans un monde virtuel sur lequel ils n'ont, d'ailleurs, aucune prise.

Être imprévisible, c'est justement le registre qu'il va choisir. Parfait pour brouiller les cartes, accéder à cette liberté, redoutée mais si fortement revendiquée...

« Vous n'avez pas à savoir où je suis, ni ce que je fais, encore moins ce que je pense ! »

Place au spectacle ! Figures en tous genres avec un morceau de choix : la prise de risque.

Il veut y arriver tout seul. Voler de ses propres ailes. Alors, il va essayer. C'est maintenant ou jamais, aux parents de se faire des cheveux blancs. Pour s'entraîner, quelques tocades (teindre ses cheveux blonds, qui vous rappelaient la douceur de l'enfance), une opposition systématique (malgré la neige, pas question de sortir sans ses converse en toile) et des provocations improbables : « C'est trop la rouille avec vous ! »

Puis, sur la feuille de route, arrivent les limites. Les siennes. Celles qu'il va s'imposer pour mieux les éprouver. Physiquement, ce sera affronter le danger, la vitesse, en scooter, en snow-board... Se mesurer à l'alcool, jusqu'à s'en évanouir (le *binge drinking*). Tester sa résistance à tous les toxiques (cannabis), malmener son corps (tatouages, piercing) et son esprit, jusqu'à l'anorexie.

Tout cela se voit. C'est le but. Ce qui est caché, en revanche, c'est la mise à l'épreuve des parents : Jusqu'où aller pour enfin être compris ?

Ce non-dit est capital. C'est le clou de la représentation !

Car, entre ce qu'il a en tête et ce que ses parents imaginent, c'est le saut périlleux. Ils le croient « addict » et bon à rien, alors qu'il n'a tout simplement pas encore trouvé un vrai centre d'intérêt. Une sorte de malentendu. Qui, non dissipé, rend la maison infréquentable. Et quand le quiproquo s'installe, il y a danger. La rupture. L'adolescent évolue alors sans filet et risque gros. Chuter, se désespérer, perdre jusqu'au goût de vivre.

Pour une happy end, la vedette du spectacle a besoin du soutien de son public. Et il faut être indulgent. Car cet adolescent joue pour la première fois sa partition. Pas de répétition possible. Il improvise !

Alors s'il y a des couacs, peu importe, il est en train d'apprendre. Rien à voir avec une maladie.

À grandir sans risque, on risque de ne pas grandir...

3. Détruire pour mieux se construire

« Durch Den Monsun[1]... »
Tokio Hotel

L'adolescence, l'âge ingrat ? Sûrement. Avec la flambée hormonale de la puberté qui change tout. D'abord ce qui se voit : la peau, la taille, le look... mais aussi une métamorphose plus profonde qui rend progressivement méconnaissable un enfant jusque-là sans histoire. Un enfant que ses parents peinent à reconnaître et bien sûr à comprendre. Un enfant qui s'acharne à détruire ce qu'ils avaient patiemment construit pour lui, brique après brique.

Le procès de la paresse

— Pourquoi me l'avez-vous amené ?
Timothée, seize ans, première S, tourmente son iPod en silence. Ambiance.
— Parce qu'il souffre..., répond le père.
Je regarde Timothée. Conforme. Piercing, mèche décolorée, regard lointain.

---

1. « Traverser la mousson... »

DÉTRUIRE POUR MIEUX SE CONSTRUIRE

— Pardon, mais il souffre de quoi ?
— D'une infinie paresse.

Cas type. Celui d'un malentendu. Entre des parents qui s'inquiètent à tort pour un ado, tout ce qu'il y a de plus normal. Comme les autres, il passe son temps vautré sur le canapé, sa musique en perfusion dans les oreilles. Rien ne semble l'intéresser. Il sèche certains cours.

Ils sont tous comme ça. Surpris par leurs parents, en flagrant délit de paresse. « Même son bol du petit déjeuner, il a la flemme de le ranger dans le lave-vaisselle ! » Et pourtant. Regardez-les sur la plage de Biarritz, attendre la vague pendant des heures dans une eau à douze degrés. Motivés, ils savent l'être. De l'énergie, ils en ont à revendre. Il suffit d'appuyer sur la bonne touche. De supprimer la « veille ».

Et quand je leur demande, y compris aux plus grands, quels vœux ils voudraient voir se réaliser, c'est souvent qu'ils me répondent, avant la dernière console à la mode : « Être bon en classe. »

Aveu touchant de leur désarroi. Bien sûr, ils aimeraient tous être bons élèves, mais, pour une raison qui reste à définir, ils ne peuvent pas. Alors ils en rajoutent...

Face aux difficultés d'un ado, il faut d'abord se demander si l'on n'est pas passé à côté de quelque chose. Une dyslexie, une précocité, des troubles anxieux, un déficit d'attention[1]. Ce diagnostic est indispensable pour tous les enfants, mais il se complique singulièrement chez les juniors. En effet, pour ces jeunes tendus vers la recherche d'une identité, l'acceptation d'une déficience, voire d'un handicap est presque insupportable. Contraire à leur quête narcissique. Tout, sauf être différent, c'est le credo d'un ado. Plutôt arrêter de bosser pour n'attribuer son échec qu'à soi-même. En être le seul responsable : « C'est normal si je me plante, je ne fous rien. »

---

1. *Même pas grave !*, O. Revol, Lattès, 2006.

Tout comme dans *L'Avare* de Molière qui, pour garder le contrôle en toutes situations, se murmure à lui-même : « Ces événements me dépassent, feignons d'en être l'instigateur. »

Il est toujours crevé, pas motivé, on ne peut rien lui dire

Tout cela, c'est la face visible. À l'intérieur vient s'ajouter un sentiment d'inutilité. Il sait que son développement physique, psychologique et sexuel est quasiment terminé, mais son statut n'est pas encore celui d'un adulte : « Mes moyens sont au top, mais à quoi bon ! Je ne peux décider de rien. »

Cette impression de gâchis l'entraîne dans l'impasse. Il préfère « laisser tomber ». Sa nonchalance exprime qu'il a renoncé. Depuis longtemps. Car ce qu'il voudrait, c'est avoir un rôle à jouer.

Alors bien sûr, il y a la solution facile, se scotcher sur son ordinateur, sorte de bouée pour ne pas couler dans l'océan de ses questions. Et non l'inverse : ses problèmes ne sont pas engendrés par un excès d'ordinateur. Ce qu'il éprouve dans ces heures de tête-à-tête avec son écran, c'est du bien-être. Probablement d'ailleurs l'un des endroits où il se trouve le mieux. Car dans ce monde-là, c'est lui qui décide. Qui est aux commandes et qui a le pouvoir sur le devenir de ses personnages préférés. Des héros auxquels il s'identifie. Eux au moins, ils réussissent.

Et s'il lui était proposé d'aborder l'école autrement, changer d'établissement, d'orientation, il pourrait lâcher ses jeux, ses séries, ses mangas. Cet univers-refuge inépuisable qui, il faut le savoir, a été spécialement conçu pour lui. Un monde à part, féerique, mais, réducteur, dénué du parasitage des contraintes du quotidien. Idéal par ailleurs pour capter l'attention des hyperactifs.

DÉTRUIRE POUR MIEUX SE CONSTRUIRE

Au secours mon ado va bien !

En 2003, une étude de l'Inserm[1] conclut qu'un enfant sur huit souffre d'un trouble « mental », de l'anorexie à l'hyperactivité. Parmi eux, moins de la moitié est prise en charge. C'est le plus grave. Car du coup surgit une bonne nouvelle : sept sur huit d'entre eux vont bien.

« Il n'y a aucune raison biologique pour qu'un ado n'aille pas bien ! affirme le sociologue Michel Fize[2], la crise de l'adolescence n'a aucune base scientifique. » Et pour Philippe Jeammet[3], professeur de psychiatrie de l'enfant et de l'adolescent à Paris V, notre société fournirait même le terreau propice à des adolescents plus épanouis qu'autrefois : « Ils ont une aisance, une ouverture d'esprit, une absence d'inhibition que n'avait pas notre génération... Ils ont davantage d'échanges avec les adultes, avec moins de réserve, ce qui rend les conflits moins aigus, plus verbalisés. »

Ce mode d'expression du plus grand nombre va en revanche rendre plus voyants et plus bruyants les comportements de la minorité qui va mal. Or ce sont ces signes extrêmes qui sont mis en avant la plupart du temps.

Mais méfiance. Ce qu'il faut surveiller de près, c'est la frontière entre une adolescence normale et celle qui devient pathologique. Car si dans la plupart des cas l'adolescence n'est pas une maladie, elle peut le devenir. Quand, par exemple, l'excès d'inquiétude et de sollicitude des parents attise l'agressivité d'un adolescent qui n'avait rien fait, ni demandé. Alors qu'une analyse rassurante de la situation aurait suffi à maintenir le climat de sérénité. Mais peut-on reprocher à des parents attentifs d'être préoccupés par l'avenir de leur enfant ?

---

1. Voir annexe 1.
2. *L'Adolescent est une personne*, Le Seuil, 2006.
3. *Faut-il plaindre les bons élèves*, Hachette Littératures, 2005.

Il est souvent juste nécessaire de se poser quelques questions simples qui rassurent immédiatement :

Comment est-il à l'extérieur ? Est-il aussi irritable avec ses copains, ses grands-parents ? Bien sûr que non : « Il est délicieux, charmant. Je n'ai que des compliments. » En revanche, s'il exporte son ennui et sa mauvaise humeur hors de la maison et en toutes situations, il est à surveiller. De plus près.

Dans tous les cas, l'urgence est d'avoir conscience que l'adolescence est un cap naturellement difficile.

D'abord comprendre

Il s'agit avant tout d'une crise normale dont le passage peut être contaminé par les attitudes contraires de parents qui s'inquiètent alors qu'ils ne le devraient pas. Si l'adolescence n'est pas une maladie, elle peut toutefois rendre malade un entourage non averti.

Inutile de l'imaginer comme un long fleuve tranquille. Ce passage ou « passe-âge[1] » vers le monde des adultes ne peut se faire sans turbulences et se traduit par des changements physiques et affectifs que les parents doivent accompagner. Et même faire preuve d'abnégation à l'égard d'un rejeton qui se plaint de « rouiller » auprès d'eux. Leur mission est de l'éduquer, en latin *exducere*, le « conduire au-dehors ». Faire en sorte qu'il puisse se passer d'eux un jour. Il s'agit donc pour eux d'assurer ce « pas-âge » social et de s'adapter.

Ne pas être avec lui comme quand il avait dix ans

Damien, dix-sept ans, se plaint. Ses parents. Toujours sur son dos, les notes, les vêtements. Tout, quoi !

---

1. *Ado à fleur de peau*, Xavier Pommereau, Albin Michel, 2006.

DÉTRUIRE POUR MIEUX SE CONSTRUIRE

— Tu voudrais qu'ils ne soient plus là ?
— Non ! toujours là, mais juste un peu plus loin.

Ni trop près, ni trop loin. Les parents doivent reformater la distance entre eux et leur ado. Lui montrer qu'ils se sont aperçus qu'il avait changé. Bien sûr sans le lui reprocher, ni relayer la complainte des parents déçus : « Pourquoi t'es devenue comme ça ? Je croyais que tu étais plus intelligente que les autres... » Histoire d'éviter de s'entendre répondre comme le beau-père de Mathilde[1] : « Eh bien, tu t'es trompé ! » Difficile ensuite d'ouvrir le dialogue.

Le changement est tous azimuts. Il s'effectue aussi dans leur mode de pensée. Vers douze ou treize ans, ils quittent le mode concret, descriptif et opératoire pour pénétrer dans la pensée formelle. Ils découvrent l'abstraction. La formulation d'hypothèses, les remises en question, le monde défait, puis refait. Jusque-là les parents avaient en main toutes les pièces du jeu. Facile. L'enfant perd à tous les coups. La règle est imposée. Mais en grandissant il va acquérir les pièces manquantes, et progressivement être à la hauteur. Jouer, lui aussi, d'égal à égal. Être capable d'argumenter. Pas toujours dans le calme et sans réelle diplomatie. Le ton de l'adolescent et son agressivité spontanée désarçonnent plus d'un parent qui n'avait jamais imaginé de telles joutes. Surtout si c'est l'aîné.

Pourtant, on peut donner du sens à cette façon de s'exprimer. Seul face à soi-même, en terrain inconnu, le réflexe est de se protéger. Il y a trente ans, Françoise Dolto attribuait à l'ado « le complexe du homard ». Le homard qui a commencé sa mue, perdu sa carapace et n'a pas encore fabriqué sa nouvelle cuirasse. Soit il est faible et accepte les coups. Soit il a envie de se défendre et, les pinces en avant, il attaque. Il agresse pour mieux tenir le choc. Car l'impact de l'adolescence fait

---

1. *La Consolante*, A. Gavalda, Le Dilettante, 2008.

vaciller le jeune jusque dans ses racines. D'autant que ce n'est pas la première fois. Cette crise, qui semble sidérer ses parents, lui en rappelle d'autres, moins « remarquées » sans doute mais tout aussi « remarquables » pour lui... et pour les psys ! Qui vont systématiquement s'intéresser à son histoire antérieure pour mieux comprendre ce qui se passe aujourd'hui.

Une crise parmi d'autres

Notamment la petite enfance. Moment du double jeu séduction/rivalité que l'enfant entre deux et six ans teste auprès de ses parents. Quand il hurle à son père « Va-t'en, je te déteste », c'est pour le déstabiliser et prendre sa place auprès de sa mère. Si le père répond tranquillement « Peut-être, mais moi je t'aime », il y a de fortes chances pour qu'il grandisse « comme papa », sereinement. En revanche, s'il reçoit une claque, cette frustration pourra se réactiver plus tard. Car l'adolescence réveille toujours les souvenirs d'enfance et agit comme le vent sur des braises. Sauf que les données ont changé. La maturité physique et sexuelle fait de l'adolescence l'âge de tous les possibles.

La rivalité à l'égard du père ne fait plus rire personne. Encore moins l'ado qui, s'il ne se retenait pas, aurait plutôt envie d'en découdre. Quant à imaginer un rapprochement physique avec l'un de ses parents... attention danger. Alors il prend ses distances. Plus de câlins, plus de lectures au lit le dimanche matin. Et pour se prouver qu'il ne succombera à aucune attirance, qu'il ne transgressera aucun tabou, il va se protéger. Avec comme arme, l'agressivité. Il devient odieux pour se rassurer sur l'impossibilité d'un quelconque passage à l'acte. Et parfois violemment. C'est particulièrement le cas des garçons issus de familles monoparentales, encore plus exposés du fait de l'absence du père. Une barrière manquante entre lui et sa mère.

Mal comprise, son agressivité peut entraîner une réponse parentale excessive : un père blessé rendant coup pour coup ou qui s'effondre ; une mère séduite ou définitivement agacée. Quelle que soit la réponse, le malaise s'installe. Autant de signes d'une frustration qui pourra se réactiver plus tard.

Dans tous les cas, l'agressivité signe un problème de communication, de mal-être. Normal ! L'adolescence n'échappe pas à la tristesse.

Le deuil de l'enfance

Quitter l'enfance implique une succession de pertes. Le deuil de son corps. Un corps qui ne posait pas de problème et que l'on n'était pas obligé de cacher ni de martyriser. Le deuil de ses illusions, de ses parents qui s'aimaient, du grand-père que l'on ne reverra plus, de la maîtresse qui disait « tu ». Or, porter le deuil c'est se replier sur soi, faire l'impasse sur les envies. Fermer les écoutilles. Récupérer toute son énergie pour garder le souvenir, l'imprimer en soi jusqu'à être certain de ne jamais oublier. Ce renoncement correspond parfaitement au comportement de l'ado.

Le corps à l'horizontale, les yeux clos, les oreilles verrouillées par son iPod. Ne rien faire et éviter le pire. L'interdit. Dégommer son père, assimiler sa mère au désir sexuel. Immobile, fermé de l'intérieur, l'ado s'empêche ainsi d'agir. Il se conditionne pour être dans l'incapacité d'entreprendre. C'est cette stratégie, inconsciente bien sûr, qui le protège.

Alors, si sa mère fait irruption dans sa chambre, ouvre les volets et assène brutalement « t'as-vu l'heure ? », sa réaction peut être violente. Et s'il se retient, c'est pour se renfermer encore davantage. Le mépris plutôt que les insultes. Éviter de dire tout haut sa colère face à cette intrusion dans SA chambre. Et puis, dormir jusqu'à midi, c'est bien connu, cela sert à mettre du temps de côté. Du temps de gagné sur la confrontation avec les parents.

Mais, pas de quoi en rire, l'ado fait son deuil. Personne ne le comprend. Et surtout pas ses parents. De toutes façons, peu importe leur avis, il doit se forger sa propre opinion et les abandonner à leurs certitudes.

Des parents dont il doit se démarquer

Se désengager. Ne plus ressembler aux parents. Indispensable pour exister.

Mais problème. Alors qu'il les adore, il doit s'en démarquer. Alors qu'il les a toujours admirés, il doit maintenant les critiquer. Il n'a pas d'autre choix pour construire sa propre identité. Il va donc vivre ce conflit permanent entre identité et identification. Une nouvelle identité à fabriquer face à celle de référence. L'ambivalence entre « le néant » qui reste à remplir et « le tout » qui existe déjà. Sorte de modèle mais, à ne pas suivre. Pas facile.

Pour s'en sortir, un seul moyen : l'opposition. D'autant plus forte que la crise sera bruyante. Mes vingt-cinq ans de psychiatrie m'ont permis de constater que plus intense est la crise à l'adolescence, plus le cap de la quarantaine sera facile à franchir. Car l'autonomie une fois obtenue, « ça c'est fait ! » comme ils disent, l'expérience confirme que les adolescents les plus difficiles sont souvent, une fois adultes, ceux qui conservent les rapports les plus cordiaux avec leurs parents. Pas étonnant non plus, que le désengagement soit plus difficile pour des enfants confrontés à un trop-plein de gratitude filiale. Les enfants adoptés, élevés par une mère seule ou encore souffrant de maladie chronique. Ceux-ci s'investissent d'un devoir vis-à-vis de leurs parents – « Je leur dois tout » –, ils ont alors plus de mal à imaginer leur faire du mal. Dans *Les Nourritures affectives*, Boris Cyrulnik évoque cette « pléthore affective » qui représente « une prison délicieuse d'où l'on ne sort que par la violence ». Comprendre le message caché derrière cette violence peut la rendre plus tolérable. Elle n'est que la preuve d'un amour dont l'expression n'est plus possible pour l'instant. Ainsi l'adolescent est-il obligé de créer le conflit pour se libérer de ses attaches. Et, paradoxalement, on peut en déduire que plus ils sont pénibles, plus ils nous aiment !

Le meilleur principe : lâcher

Face à cette avalanche de conflits, côté parents, il y a moyen d'agir. Appliquer le principe d'Archimède. Succès garanti. Explication : plus les parents vont insister, plus l'ado va résister. La poussée de part et d'autre sera d'égale intensité, proportionnelle à l'enjeu. Or, arrêter la pression, c'est provoquer l'arrêt de la résistance. La recette a été éprouvée sur les conflits mineurs tels que la chambre à ranger, le look à revoir, le piercing-pas-question. Prenons l'école. Si la pression a été forte depuis le primaire, l'ado se fera un plaisir de présenter l'addition une fois au collège. Et si l'un des parents est enseignant, l'école devient une cible idéale pour le contrarier. Des mauvaises notes ou « J'ai bien répondu, mais j'ai oublié de rendre ma copie », pour lui montrer qu'il ne souhaite pas prendre le chemin tout tracé devant lui, pour l'instant...

Bien sûr, il s'agit de « lâcher », mais pas n'importe comment. Toujours au cas par cas et dans un périmètre précis. Car si les limites doivent être évolutives, l'essentiel est qu'un cadre existe. Ce que la génération des « nouveaux pères » des années 80 a complètement zappé. Leur petit garçon, ils l'ont rêvé. Rêvé de partage, de contacts privilégiés. Juré qu'ils en seraient leur complice. Eux qui ont tant souffert d'un père autoritaire et lointain. Du coup, impossible de dire « non » à cet enfant idéalisé, dont la venue au monde a fait l'objet d'un choix. Des papas-copains, installés dans le « laisse-le faire ». Mais aussi, des papas résolument pacifistes qui préfèrent acheter la paix à la maison, dès que l'ado montre les dents. Des papas dépités, déçus car ils croyaient avoir fait tout comme il faut. Qui, du coup, interprètent les manifestations d'opposition de leur enfant comme un désaveu de leur compétence. Cela risque de les blesser et de les faire réagir de façon excessive dans le sens de l'effondrement ou de la colère, alors que l'attitude de leur fils était juste un signe de sa bonne santé psychique.

Pour l'ado, s'opposer est un besoin vital

Il met la pression pour éprouver ce qu'il y a dans le camp d'en face. Voir si les limites sont là, les toucher du doigt et vérifier si les parents ont pigé qu'il avait grandi. Des parents qui sont toujours là, mais un peu plus loin. Ce serait terrible pour lui de ne sentir aucune limite, avec l'impression de se retrouver seul : une mayonnaise prend dans un bol, pas dans une assiette ! Et peu importe s'il faut répéter sans cesse les mêmes règles.

Comme l'alpiniste qui se jette en rappel dans le vide et qui va tous les dix mètres tirer sur la corde pour vérifier si elle tient bon, l'ado éprouve la résistance de ses parents. Il les harcèle, leur répète la même supplique à l'envi, des jours durant. Pourtant ils ont dit non. Peu importe, il continue sa guérilla. Sa façon à lui de vérifier si leurs principes tiennent toujours. Une façon de se rassurer. De se dire aussi qu'en cas de problème grave ils seront là.

Malheureusement, à ce moment-là, les parents peuvent, eux aussi, être préoccupés par leurs propres problèmes...

Des adultes eux aussi en difficulté

Quarante, cinquante ans, le moment des questions existentielles. La fameuse crise du milieu de vie. Lorsqu'on s'interroge

DÉTRUIRE POUR MIEUX SE CONSTRUIRE

à mi-parcours. Qu'est-ce que j'ai fait de ma vie ? Pas encore fait ? Qu'est-ce que j'aurais dû faire ? L'époque des changements physiologiques. On se sent moins bien, moins en forme. Les troubles – de l'attention, la dyslexie – que l'on avait appris à gérer ressurgissent. D'autres préoccupations apparaissent, les problèmes conjugaux, les parents qui vieillissent. Bref, la quarantaine n'est pas non plus un long fleuve tranquille. Et c'est souvent qu'elle se télescope avec un ado qui s'impose avec ses propres questions, tout aussi importantes.

Cette rencontre de deux générations en crise, en même temps, peut faire des étincelles. En particulier lorsque les parents ne sont pas dans la meilleure disponibilité psychique pour amortir les agressions répétées de leur enfant. Car les ados ne se privent pas pour en rajouter sur le statut « périmé » de leurs parents de quarante ans. À eux donc d'assumer du mieux possible leur âge critique. Cadrer leur ado leur en sera d'autant plus aisé. L'inverse en revanche risque de cristalliser les problèmes et les aggraver. Dans ce cas, une séparation transitoire est parfois la bienvenue. Chez un oncle, un grand-parent ou l'internat. Pour permettre à chacun de souffler et de couper court à l'escalade sans fin des reproches mutuels. L'ado peut alors finir de se construire paisiblement, dans une structure neutre, face à des adultes dont les problèmes éventuels ne le concernent en rien. Des adultes qui pourront lui donner les réponses qu'il attend. N'oublions pas que des parents déprimés, c'est déprimant. Des parents rassurés, c'est rassurant.

Philippe Jeammet consacre l'un de ses ouvrages, aux parents qui, selon lui, seraient « déboussolés »[1]. Ils auraient de plus en plus de mal à tenir leur rôle : « Ce n'est pas l'amour qui fait défaut mais la légitimité à dire non. » Aujourd'hui, l'autorité a été assimilée à un « abus de pouvoir », comme s'il suffisait de les aimer pour que nos enfants s'épanouissent. Or, ne pas oser

---

1. *Pour nos ados, soyons adultes*, éd. O. Jacob, 2008.

arrêter un ado dans sa dérive, cela ressemble à un abandon. Car aller mal doit être compris comme une demande.

Les parents doivent savoir rester parents[1]. Pas si simple. Quand la société exploite au contraire l'image d'un conflit de générations qui n'existerait plus. Tendance encouragée par le culte du corps parfait, le jeunisme et l'avalanche des recettes anti-âge. Aujourd'hui, la société permet de rester plus jeune, plus longtemps. Du coup, les parents se font rattraper par leurs rejetons. Et les deux générations en arrivent à avoir les mêmes modes de vie. Exemple le film LOL[2], où mère et fille fument les mêmes joints avec leurs amis respectifs et sont amoureuses en même temps. L'une parce qu'elle a rencontré un nouvel amour après avoir été abandonnée. L'autre, parce qu'elle vit son premier flirt. Autre référence, empruntée au marketing cette fois-ci, « le syndrome du Comptoir des Cotonniers », un concept publicitaire, où mère et fille se confondent dans la mode. L'une se vieillissant, l'autre se rajeunissant.

Mais attention aux fausses confidences. Les ados sont plus lucides qu'on ne le croit et savent d'eux-mêmes remettre leurs parents à leur place. Leur faire remarquer qu'ils n'ont plus leur âge. Et qu'ils n'ont peut-être pas tout réussi... eux non plus. Un rappel à l'ordre parfois cruel, surtout lorsque le parent se retrouve seul à assurer. Il faut être encore plus solide, comme la maman de Léa...

---

1. Voir chapitre « Parents de rêve ».
2. *LOL (Laughing Out Loud)*, de Lisa Azuelos, février 2009.

4. Léa, incassable

— Si tu continues comme ça, tu seras serveuse !
Aussi vive l'une que l'autre, entre la mère et la fille l'échange
est musclé.
— Tu me rabaisses tout le temps. Tu me dis que je suis
nulle.
— Oui, parce que tu gâches ta vie et je ne veux pas que tu
fasses comme moi.
Grande, cheveux longs méchés, un peu enrobée, Léa, quinze
ans, est furieuse des sept kilos pris en quelques mois. Ce qui
accroît encore son agressivité à l'égard de sa mère. Une femme
qui m'avait touché lors de ma permanence téléphonique :
— Ma fille est en train de s'enfoncer sur tous les plans,
personnel et scolaire, je ne sais plus par quel bout la prendre
et avec les psychologues, ça n'accroche pas...
Je l'ai sentie tellement courageuse et pleine d'énergie. Seule
à se battre pour sauver sa fille unique. Je lui ai proposé de
l'accueillir quelques jours en observation dans mon service.
Deux mois plus tard, je les reçois toutes les deux. À mes
côtés, l'infirmière qui sera sa « référente » pendant son séjour.
Quatre heures de train pour venir de leur village de l'est de la
France n'ont pas entamé leur motivation. Et leur façon d'insister
sur les fins de phrases renforce encore la sincérité qu'elles
dégagent, avec cet accent qui sent bon le Jura.

— Ma fille ? Elle est impatiente, toujours pressée, les yeux rivés sur facebook ou MSN. Jamais couchée, elle s'endort l'oreille collée sur son iPod.

Voilà pour les présentations ! Visiblement, sa mère ne s'y habitue pas. Cette façon de vivre sans horaires lui tape sur les nerfs et puis, côté résultats scolaires, ce dilettantisme n'arrange rien :

— Alors si ça continue, à la rentrée, ce sera l'internat !

L'intéressée ne se démonte pas et continue d'attiser les braises :

— Quand cela ne me plaît pas, je ne travaille pas !

Silence. À court d'arguments les protagonistes se tournent le dos. Je tente une négociation :

— L'internat pourrait être l'ultime recours. Avant, il faudrait que chacune fasse un effort l'une vers l'autre. Ensemble, on va essayer de trouver comment.

Mère et fille se regardent. Sourires en coin. C'est d'accord. Dans leurs yeux, la complicité d'un couple mère-fille construit dans l'absence du père.

— Je l'ai toujours surprotégée, j'ai trop peur pour elle.

Et pour cause. Cette mère célibataire a fui la maison à seize ans. Son bébé dans les bras.

Après quelques années, devenue assistante maternelle, elle renoue avec son propre père. Lui-même a levé le pied sur l'alcool et mis un frein à la violence. Ainsi Léa retrouve un grand-père qui veut bien s'occuper d'elle et prend plaisir à l'emmener à la pêche.

À cette époque-là, la petite fille se met à grossir, se renferme, et sa mère a des doutes sur d'éventuelles mutilations :

— Qu'est-ce que tu t'es fait là ?

— C'est rien, je me suis juste griffée avec mon compas.

Cramponnée à sa mère, elle lui dit vouloir rentrer dans son ventre et mourir avec elle. Suite à l'intervention d'une assistante sociale, Léa est dirigée vers un centre spécialisé. En Bretagne, le plus loin possible de sa mère. Résultat, deux années douloureuses, au milieu d'enfants limites. Léa apprend néanmoins à se défendre.

Depuis les retrouvailles, entre la mère et la fille, c'est « ni avec toi ni sans toi »[1], un couple indissociable et maudit. Qui trouve dans les résultats scolaires une bonne occasion de s'affronter et de se reprocher mutuellement d'exister. Mais aujourd'hui, du côté de la mère, les craintes s'amplifient. Devenue adolescente, sa fille est de plus en plus difficile à suivre. Une sorte d'énigme avec, de surcroît, un fichu caractère :

— Elle est irritable, impulsive. Je la sens ailleurs, même avec ses copines. Parfois je me demande si elle est normale ?

La question est brutale. Mais cette mère a raison de s'interroger. Les ados ont parfois des excès sur lesquels il vaut mieux jeter un regard attentif. Ils ne sont pas à l'abri de basculer vers une pathologie. D'après ce que j'entends, Léa, elle, serait plutôt dans l'écart de langage, en particulier à l'égard de sa mère :

— Elle me traite de ringarde, d'Alzheimer. Me dit de m'arranger et de me trouver un jules.

La jeune fille ne mâche pas ses mots. Avec ses profs aussi. Trop directe avec eux, elle se les met à dos. Sûr qu'avec ses notes catastrophiques, ils ne lui pardonnent rien. Son agressivité et son ton péremptoire me laissent supposer une certaine dose de souffrance. J'apprends qu'elle vit très mal d'être dans une classe de quatrième à effectif réduit, composée d'élèves en grande difficulté, pour la plupart très perturbés. Elle se dit dégoûtée.

— C'est terrible quand le dimanche elle ne se lève pas de la journée et que rien ne l'intéresse.

Une Léa qui enchaîne les hauts et les bas. Capable de se passionner pendant des heures pour le catch à la télé et de pleurer sur les étiquettes taille quarante-deux de ses vêtements. Du coup, sa mère perd les pédales.

---

1. Référence au film de François Truffaut, *La Femme d'à côté*, 1981.

— Docteur, je n'y arrive plus, je ne peux plus gérer à la fois la maison et l'école.

Je félicite au passage cette mère-courage qui, seule, parvient à maintenir le contact avec sa fille. Elle ne se débrouille pas si mal, mais à quel prix ! Avec une ado qui, visiblement, a hérité de la même force de caractère.

Seule devant moi, Léa continue de mâcher son chewing-gum. Elle est détendue, à l'aise et partante pour l'entretien.

Plus tard, elle voudrait être esthéticienne. Prête à faire l'effort nécessaire pour décrocher un BTS. Elle en rêve. Les copines ? Pas de problème, mais à condition de les garder à distance. Pas de confidences. Les petits secrets c'est pour son blog. Une passion. Et le sport ? Elle sait pourtant que c'est excellent pour la silhouette et le moral. Mais pas question. Elle déteste.

Léa, ce qu'elle aime, c'est écrire. Personne n'est au courant. Même pas sa mère. Surtout pas !

— J'invente des histoires qui me font du bien. Des personnages qui ont de la chance et toutes les qualités que je voudrais avoir.

En tête à tête avec son ordi (qui corrige ses fautes d'orthographe), elle oublie d'en vouloir à la terre entière. Et dans son récit actuel, il est question de remonter la pente :

— C'est l'histoire d'un triangle amoureux. Kathia découvre que ses parents ne sont pas ses vrais parents. Elle se confie à un ami, responsable d'un club de sport, où elle fait la connaissance de deux hommes. Le premier est violent, il veut l'enfermer, soi-disant pour la protéger. L'autre, son amoureux, lui fera découvrir la joie de vivre.

C'est un peu son roman familial. Léa écrit ce qu'elle ressent pour ce père qu'elle ne connaît pas : « Un mélange de haine et d'amour. »

La jeune fille refuse de rencontrer une psychologue. C'est pourtant ce qui lui conviendrait pour surmonter ses moments de tristesse.

— Je n'aime pas que l'on essaie de me connaître en profondeur.

Est-ce par crainte que l'on découvre quelque chose ?

— Je ne veux pas faire souffrir ma mère.

Léa va rester une petite semaine chez nous. Dans un milieu sécurisant et entourée par mon équipe, elle va pouvoir prendre du recul et se libérer de pensées étouffantes. Pour cela, elle a besoin de comprendre l'origine de ses difficultés. Comme le veut la règle du service, je lui demande de nous confier son téléphone portable. Je supprime également tout contact avec sa mère. Une coupure totale, seule capable d'autoriser une expression la plus libre possible :

« Certains souvenirs font comme un barrage. Parfois il suffit de les confier pour lever le blocage et enfin être libéré. » Des blocages qui peuvent se manifester également à l'école et empêcher d'apprendre. L'école justement. On va commencer par explorer son profil de compétences : bilan orthophonique et neurologique.

Et comme l'on pouvait s'y attendre, les premiers éléments de son bilan montrent une dyslexie et un manque d'attention. Les deux sont liés et extrêmement pénalisants pour suivre en classe. Voilà l'explication objective de ses difficultés, d'autant que son QI est normal.

À l'annonce de ces résultats, elle donne l'impression de ne pas y croire. Puis elle se détend et le reste du séjour se déroule plutôt bien. Les crispations et les bouderies des premières heures sont oubliées. L'équipe n'a plus aucun reproche à lui faire. J'ai droit à la remarque classique de sa référente :

— Elle est charmante, on se demande ce qu'elle fait ici !

L'aimable jeune fille s'occupe des plus petits, aide à ranger leurs boîtes de jeux, participe à toutes les activités. Elle parvient même à s'épancher auprès de la psychologue du service, lui parle d'elle volontiers et lui fait part de ses projets.

Mais peut-être ne s'agit-il que d'une façade. Il nous faut le vérifier. Elle pourrait occulter certains risques. Léa est-elle déprimée ? La psychologue clinicienne qui a su l'accrocher lui propose des tests de personnalité. Ces fameux tests projectifs dans lesquels l'ado peut nous raconter sa vie psychique. Le résultat est sans appel : la jeune fille ne manifeste pas de perturbation de l'humeur. Elle est certes irritable et supporte mal les contraintes, mais sans aucun signe de souffrance psychique. Pas de dépression, ni de trouble mental.

Reste tout de même le problème des automutilations de son enfance, dont on sait qu'elles sont souvent la conséquence d'un traumatisme (agression, abandon…). Des comportements préoccupants mais qui, dans son cas, ne se sont pas répétés. Même au moment de la puberté. Confirmation d'une personnalité moins déstructurée qu'on pouvait le craindre.

En conclusion, malgré des débuts difficiles dans la vie, une histoire personnelle douloureuse et un cursus scolaire entravé par un problème de dyslexie, Léa est suffisamment équipée sur le plan psychique pour s'en sortir et se construire un avenir. Mais il va falloir continuer de l'aider. Compte tenu de l'incertitude liée à son âge, du contexte familial avec une mère seule et un père jamais revu.

Sa mère, qui retrouve une ado charmante et revigorée, après cinq jours d'hospitalisation, en est presque déçue :

— Si je comprends bien, il n'y a qu'avec moi qu'elle est insupportable !

C'est souvent comme ça. Mais j'explique que nous n'en avons pas terminé avec Léa. Et qu'il ne faut surtout pas baisser la garde. À la lueur des indices que nous avons réunis, nous allons mettre en place une stratégie où chacun aura un rôle. Léa doit prendre un médicament pour l'aider à se concentrer et obtenir de meilleurs résultats. Objectif, son passage en troisième. Elle doit accepter de rencontrer une psychologue une fois par mois, pour vider son sac et l'aider à interpréter les histoires qu'elle se raconte. Sa mère doit lui faire confiance. Ne pas être toujours sur son dos et lui faire des reproches incessants. Être ferme, mais tolérante. De mon côté, j'attends des nouvelles par téléphone avant quinze jours. Rendez-vous dans six mois, pour une nouvelle hospitalisation de quarante-huit heures.

Entre-temps, les appels à la permanence ont été rassurants, puis se sont rapidement espacés. Le médicament est efficace, elle n'a plus de mots sur son carnet et sa moyenne remonte, y compris dans ses matières les plus faibles. Bref, l'état de grâce.

Le retour, comme prévu six mois plus tard, pour deux jours de réévaluation, est en revanche plus mitigé. En mon absence, c'est « Léa la grimace » que reçoit ce jour-là l'un des internes du service : « La dernière fois, j'étais une petite fille bien sage, vous allez voir... » Effectivement le séjour ne se passe pas aussi bien que prévu. Impossible de la faire participer, ni aux activités, ni au sport. Elle reste assise et passe son temps à dénigrer. Traîne au lit et arrive en retard à table. Elle refuse les consignes. Bref, peut-être la vraie Léa. Je pense à sa mère.

Dans mon service, tous les soignants sont unanimes : « Elle déteste les contraintes et c'est toujours elle qui veut décider. » L'équipe s'impatiente et me demande de venir la rencontrer.

— Vous n'êtes même pas encore venu me voir, ça sert à rien que je sois là.

Je lui ai probablement donné l'impression de ne pas m'intéresser suffisamment à elle. Ce qui lui rappelle sans doute qu'elle ne peut compter sur les hommes, son père en particulier.

Nous discutons. Je la trouve changée, plus femme, plus mince, elle semble avoir mûri. Après un bon coup de collier elle est effectivement passée en troisième DP (découverte professionnelle). C'est toujours difficile en français et elle se plaint de son médicament : difficulté à s'endormir, perte de mémoire... C'est vrai qu'elle est devenue plus opposante à mon égard. Elle m'en veut un peu. Mais, pour moi, c'est bon signe. Les ados dans leur besoin de grandir s'en prennent à leurs parents. Idem vis-à-vis de leur médecin. Quand celui-ci tombe de son piédestal, c'est de bon augure. Un grand pas vers la guérison.

Après deux jours d'observation, on fait le point avec la maman. Sa satisfaction est visible d'apprendre que cette-fois-ci mon équipe a eu un peu de mal avec sa fille :

— Ah ! Je vous l'avais dit qu'elle n'était pas facile !

Normal. Cela dédouane toujours les parents de savoir qu'il n'y a pas qu'à la maison...

Avant leur départ, je confirme l'avancée, une meilleure intégration à l'école, moins d'agressivité à la maison, des troubles de l'humeur inexistants. Mais je maintiens le médicament qui a eu des effets positifs, ainsi que les rendez-vous avec la psychologue. À la demande de Léa, c'est d'accord pour une consultation avec une nutritionniste.

Nouveau rendez-vous en consultation dans trois mois.

Le coup de fil viendra de sa mère. Parfait !

— Finalement on ne viendra pas. Léa dit qu'elle n'a plus besoin de vous, annonce-t-elle.

Je me réjouis et demande des détails :

— Léa va bien, elle est en stage chez une esthéticienne et là, bien sûr, elle n'est plus gênée par sa dyslexie, son poids s'est stabilisé. Avec moi, elle fait plus attention.

J'aurai sans doute encore de ses nouvelles, un message qui m'apprendra que l'ambiance s'est à nouveau détériorée. Mais, néanmoins, je confirme mon optimisme à son égard. Léa me paraît faire partie de ces jeunes patients que je qualifie d'« incassables ». Capables de résister à tout. Léa a eu besoin d'un renfort transitoire pour comprendre ses difficultés et croire en elle. Peu à peu les blessures se refermeront et Léa, la rebelle, taillera la route pour se détacher de sa mère. Qu'elle trouvait « trop présente et qui l'empêchait de vivre » et à laquelle elle ne veut surtout pas ressembler. Une mère formidable, incassable aussi sans doute, qui ne l'a jamais lâchée sans la décourager. Et qui a permis à sa fille de s'autonomiser doucement, de dépasser ses traumatismes infantiles, de récupérer le bon couloir, malgré un départ mal engagé. À l'origine de cette résilien-

LÉA, INCASSABLE

ce[1], il y a probablement un mélange réussi. Un équipement génétique solide et des premiers liens rassurants, avec une maman aimante et prévisible. Une femme qui a su mettre en place un système d'attachement « secure[2] », cette « sécurité de base » qui permet au marin de se maintenir sur le pont malgré la houle. Tranquillisé par l'attache qui le sauvera en cas de chute.

Rassurée sur son étanchéité, Léa peut prendre la mer.

---

1. Cf. Boris Cyrulnik.
2. Cf. Antoine Guedeney, Nicole Guedeney, *L'Attachement : approche théorique : du bébé à la personne âgée*, Masson, 2010.

5. Grand moment de solitude

Janvier 2010

Ça devient vraiment urgent.

Je dois absolument contacter mon fils aîné. Depuis deux mois, je lui réclame un certificat de scolarité, exigé par ma mutuelle pour justifier de ses droits. Visiblement, les papiers administratifs, c'est pas son truc.

Problème : j'ai remarqué depuis quelques temps qu'il ne décroche plus quand mon numéro s'affiche sur son portable. Sûrement pour économiser mon forfait...

Entre deux patients, je me connecte sur Facebook, seul endroit où je suis sûr que le message sera lu.

Pas le temps de me féliciter de ces nouvelles technologies « qui rapprochent » les générations, sa page d'accueil remplit l'écran et me scotche. Grand moment de solitude : « Vous ne faites plus partie de ma liste d'amis. »

Lapidaire !

Moi qui ai toujours rêvé d'être son confident !

Sourire crispé, le temps d'une réflexion rapide. Sans trop y croire, j'essaie de contacter son frère cadet, dix-huit ans... même sanction. Au point où j'en suis, je pousse les investigations.

Ouf, les deux petits sont toujours là...

La photo hilare du dernier semble me lancer un message d'espoir. Je me souviens de sa remarque quand je lui demandais

GRAND MOMENT DE SOLITUDE

quel plaisir il pouvait trouver, à dix ans, à fréquenter ce réseau social.

— Tu sais, on rigole, on parle à qui on veut, c'est comme la cour de la récré...

Logique. Qui aimerait voir ses parents débouler à la récré, et encore moins dans sa cabane au fond du jardin ?

Je me rassure en me disant que ma réintégration sur leur liste d'amis signera sans doute la sortie de l'adolescence.

En attendant, il va juste falloir trouver un autre moyen de communiquer...

Avec cette génération web-accro.

6. Arno : virtuellement vôtre

— Je n'en peux plus, je vais arracher les fils de son ordinateur...

Comme beaucoup de parents, le père d'Arno laisse éclater une colère qui n'a rien de virtuelle ! La Terminale S de son fils se présente mal. Le bulletin du premier trimestre est éloquent, et teinté de reproches multiples : « *Manque de travail, absence de rigueur, gâche ses possibilités, dommage...* »

Et pas question de compter sur le français avec un 8/20 à l'épreuve anticipée. Alors pour le bac, ce n'est pas gagné.

— Logique, il passe des heures sur son ordinateur.

Arno, 1,85 m, de bonne humeur, sourit gentiment.

— Je ne suis pas le seul. D'ailleurs, je joue toujours en ligne avec mes copains. Et leurs parents ne les emmènent pas chez le psy pour ça !

Le père d'Arno manque de s'étrangler.

— Les autres font ce qu'ils veulent, moi je ne peux pas te laisser t'enfoncer comme ça...

J'interroge sur le cadre fixé à la maison.

Officiellement, pas d'ordinateur pendant la semaine. Une bonne initiative. Mais difficile à contrôler quand la « bête » trône sur le bureau, dans la chambre.

L'histoire d'Arno ne rapporte rien d'exceptionnel. Troisième d'une fratrie de quatre garçons, des aînés brillants : « Mais à cette époque, il n'y avait pas tous ces écrans... » Des résultats moyens au primaire et au collège : « Il a toujours fallu le pousser à l'école... »

Pour le reste, rien à signaler... Une vie sociale épanouie, des copains en veux-tu, en voilà, des invitations à passer le week-end chez l'un ou l'autre.

Si ! Une passion pour le bricolage. Pour la première fois, son père se montre positif, presque admiratif :

— Il faut le voir dans notre maison de l'Ardèche, il démonte et remonte les moteurs de vieilles motos, il construit et invente sans cesse...

L'adolescent affiche un sourire ravi. Fin de la pause, retour aux turbulences.

Car son père n'a pas l'intention de s'arrêter là :

— Vous ne connaîtriez pas un internat dans le nord de la France, qui lui redonnerait l'envie de travailler...

Je vois le genre d'établissement, sans tentations ludiques et si possible sans eau ni électricité ! Comme si l'éloignement géographique pouvait sevrer son fils de l'ordinateur et résoudre son problème d'inappétence pour le travail.

La maman d'Arno est plus philosophe.

— Il pourra toujours être testeur de jeux vidéos, mais c'est un peu dommage..., soupire-t-elle.

Arno ne nous écoute plus depuis longtemps. Il est fasciné par un gadget. Un stylo mauve qui « flotte » littéralement dans l'air, la pointe posée sur un support vertical en plastique. Un cadeau surprenant d'un laboratoire pharmaceutique. Signe des temps, cette pratique est maintenant interdite. Dommage pour mes adolescents inventifs...

— C'est vraiment une drogue, cet ordinateur. Figurez-vous que, même en lui supprimant son clavier, il a trouvé le moyen de le faire apparaître sur l'écran de façon virtuelle ! Et qu'il continue à communiquer avec ses copains sur MSN, pas vrai ?

Arno est trop occupé à essayer de comprendre ce défi à la gravité posé sur mon bureau pour réagir ou se perdre en conjecture sur le coup de poignard de son frère qui a tout raconté !

Je décide de recentrer le débat.

— On pourrait demander à Arno ce qu'il en pense ?

Il jubile :

— Ça y est, j'ai compris. Il y a un aimant dans le stylo, et un dans le socle. Ils se repoussent jusqu'à l'état d'équilibre...

— Vous voyez, on ne l'intéresse pas ! se lamente le papa, excédé.

Je suggère qu'en classe Arno éprouve peut-être la même difficulté à se concentrer sur ce qui ne lui plaît pas...

— Oui, il n'écoute qu'en technologie et en physique. Et encore, il n'apprend pas les leçons...

Arno en rajoute une couche.

— Avec ces deux profs, je ne m'ennuie pas une seconde. Alors qu'en français et en anglais..., explique-t-il en faisant mine de dormir.

Mon idée diagnostique se précise.

Nul besoin de conseiller d'orientation pour imaginer le plaisir que prendrait Arno dans une école d'ingénieur. Avec sa curiosité, son envie de comprendre comment ça marche, son désir de créer... exactement les qualités requises pour ce genre d'études. Encore faut-il pouvoir y accéder.

J'ai besoin de le voir seul.

— Vous en avez d'autres ?

Les yeux noirs d'Arno pétillent comme deux charbons immenses, mis en valeur par les cheveux noirs coupés très courts.

Il me faut quelques secondes pour comprendre qu'il réclame d'autres gadgets. Pour maintenir ce contact chaleureux et motivé, je lui présente un casse-tête simple et compliqué à la fois. Deux triangles de plastique à utiliser pour construire une pyramide. Quand la visiteuse médicale me l'a apporté, il m'a fallu deux jours d'entraînement pour en comprendre le principe.

ARNO : VIRTUELLEMENT VÔTRE

Après trente secondes, Arno exhibe la pyramide reconstituée.
Hilare, il m'explique, comme une évidence :
— Il ne faut surtout pas démarrer comme on l'imagine...
Bien sûr !
— Et sur ce que tes parents ont dit...?
Arno balaie la surface de mon bureau d'un regard circulaire.
Il s'arrête sur le stylo en forme de Concorde que mon fils cadet
m'a offert pour la fête des pères.
En tripotant le joyau de l'aéronautique, Arno élude le pro-
blème
— Ils se paniquent pour rien. Ils me prennent pour un *no
life*[1].
— Et toi, tu en penses quoi ?
— Bien sûr que je peux m'en passer, je m'arrête quand je
veux !
Je confirmerai cette bonne nouvelle à ses parents. Leur fils
se passe d'ordinateur pendant les week-ends à la campagne, et
chaque fois que sa vie l'intéresse.
— Et tu fais quoi, sur l'ordi ?
— Des jeux, ou je regarde des séries...
— Des jeux en ligne ?
Il me regarde, incrédule.
— Vous connaissez ?
Noyés dans la diabolisation, ses parents ne lui ont jamais
demandé de leur faire partager son intérêt. Alors que quelques
minutes passées ensemble devant l'écran sont souvent rassu-
rantes pour les adultes, et gratifiantes pour l'ado.
— WOW[2], Dofus, Counter Strike ? je suggère en sentant
que je marque des points.
— WOW, j'ai arrêté, mais Dofus j'adore...
— Tu as combien d'avatars ?

---

1. « Sans vie », se dit d'une personne particulièrement intoxiquée par le jeu au point
de ne plus sortir, ni prendre le temps de se laver ni même de se nourrir.
2. World of warcraft.

57

— Trois, mais un surtout… Vous jouez, vous ?

— Trop chronophage pour moi !

Je poursuis :

— Et tes séries préférées, des mangas ?

— Non, *Friends*, et *Prison Break*, surtout !

Chance ! J'adore cette série, culte pour de nombreux adolescents.

— Tu en es à quelle saison, quel est ton personnage préféré ?

— Mickael Scoffield !

Bien sûr. C'est du copié collé. Ce jeune ingénieur au grand cœur, tendre et rebelle à l'ordre établi, haïssant l'injustice, jusqu'à se faire incarcérer pour faire évader son frère, condamné à tort à la peine capitale…

— Je peux en regarder quatre épisodes de suite sans bouger. Alors que deux heures de cours, c'est trop !

Mon intuition se confirme. Arno est un adolescent futé, mais porteur d'un déficit d'attention. Tout ce qui ne l'intéresse pas l'entraîne à papillonner, zapper. Alors que dans son domaine de prédilection, il se sur-motive et devient capable de dépasser son handicap.

Pas étonnant que les écrans l'attirent. Les concepteurs de jeux vidéos ou de séries savent ce qu'ils font. Ils éliminent soigneusement tous les distracteurs pour que le film soit d'emblée percutant. Et qu'il le reste longtemps. Si possible à l'infini.

L'écran devient le seul endroit où Arno peut se « poser ». Il en redemande.

Logique que ses parents ne comprennent pas les causes de cet engouement, surtout lorsqu'il s'accompagne d'échec scolaire. Contrairement à ce qu'ils imaginent, son manque de travail n'est pas dû à l'ordinateur. S'il y passe autant de temps, ce n'est pas par hasard. C'est en effet la seule activité qui lui permet d'être canalisé. Mais c'est aussi un moyen idéal pour arrêter de penser. Une stratégie astucieuse pour éteindre le bouillonnement de la puberté, oublier tout ce qui ne va pas.

Je lui suggère cette interprétation de ce que ses parents nomment « addiction ». Cela a l'air de lui convenir :

— C'est pour ça que quand je suis au ski ou avec les copains, j'y pense même pas !

Et j'en profite pour voler au secours de ses parents :

— Pas de chance, dans les rares moments où ton père est là, tu es toujours sur ton ordi. Comprends bien que pour lui, tu ne fais que ça.

Un malentendu donc, qui pourrait être levé avec un simple contrat :

— Tu confies ton clavier à ton père le dimanche soir, et tu le récupères le vendredi soir,

— tu passes à table à l'heure le week-end,

— tu ne joues pas plus de deux heures le matin et le soir des week-ends et des vacances,

— tu te rends au soutien scolaire proposé par le lycée,

— tu graves le premier épisode de *Prison Break* pour ton père, et tu lui proposes de te regarder jouer à Dofus un moment.

De mon côté, je m'engage à rassurer les parents sur sa bonne santé psychique.

On se tape dans la main en riant.

Retour des parents toujours sur la défensive.

— Alors docteur, il est bien intoxiqué ?

Je nuance :

— Non, juste un peu excessif. Comme pour tout.

Et je leur soumets le contrat.

Visiblement, ils ne sont pas ravis... Ils étaient plutôt venus chercher une caution pour la « tolérance zéro » et l'adresse d'une école idéale. Celle où l'on éduque comme dans les années 70, avant le fléau du virtuel. Sans imaginer que priver un enfant de l'accès aux écrans risque de le marginaliser. À l'évidence, ils n'en sont pas convaincus et, bien que persuadé du bon équilibre de l'ado, je sens que je ne peux pas les lâcher tout de suite. Le parcours jusqu'au bac mérite sans doute d'être balisé. Je propose un rendez-vous à la fin du deuxième trimestre. Et je rajoute un bonus à l'intention d'Arno :

— Si tes notes remontent, je te montrerai une énigme incroyable sur internet !

— Vrai ? Comment ça s'appelle ?

— Tu ne peux pas connaître. La balle est dans ton camp...

Ils quittent le bureau avec des impressions mitigées. Mais le dialogue a repris ; un cadre est posé, même si les parents doutent...

Deux mois plus tard, la seconde et dernière consultation scelle l'avenir.

Arno a rempli le contrat. Ayant mis le doigt sur son problème d'attention, il sait maintenant contre quoi il doit lutter. Il a d'ailleurs utilisé les stratégies que je lui ai proposées : planifier son travail, fractionner son temps en plages de vingt minutes, se donner des dates limites. En effet, le deuxième trimestre est bien meilleur et laisse entrevoir une issue favorable pour le bac. Ses professeurs louent ses efforts. Assidu au soutien scolaire, il reprend ses cours d'anglais, deux fois par semaine, avec un jeune enseignant qui lui a donné l'idée de suivre ses séries-télé préférées en version originale, sous-titrées en français. Magique de retrouver ainsi du plaisir à apprendre.

Les horaires sont à peu près suivis. À sa grande surprise, le père d'Arno n'a pas besoin de réclamer le clavier en fin de week-end. Il lui rapporte spontanément, en râlant modérément, à l'heure fixée. De leur côté, les parents respectent également leurs engagements. Ils jouent le jeu. Certainement moins inquiets quant au diagnostic, il leur est plus facile d'accorder leur confiance.

Arno a le triomphe modeste. Surtout, il réalise maintenant qu'il sera ingénieur. La journée portes-ouvertes d'une école lilloise l'a emballé.

Et surtout, enfin dédiabolisé, son ordinateur n'est plus un obstacle entre ses parents et lui.

Son père a fini par regarder le premier épisode de *Prison Break*. Et contre toute attente, il a accroché. C'est même devenu un sujet de discussion entre eux. Sans s'identifier au même héros, évidemment !

— Et la pyramide, vous l'avez toujours ? me lance Arno en quittant mon bureau.

Allusion joyeuse ou métaphore ravie ?

En tous cas, ensemble, nous avons su reconstruire un puzzle facile et compliqué, dont ils avaient, en fait, toutes les pièces !

7. Accros aux écrans

Pour deux tiers d'entre eux, il s'agit de garçons. Accros à leurs jeux pixélisés, au point d'en arriver à sécher les cours ou à ne plus pouvoir se lever le matin, épuisés par une nuit passée à cliquer. À les voir vrillés à leur écran, ils semblent tourner le dos à la vraie vie. Se dédoubler et perdre toute notion de temps. Prisonniers d'une toile tissée en réseaux tendus vers l'infini. Un univers ludique dans lequel ils sont entre eux. À des années-lumière de parents hermétiques à « cette pratique bruyante et dangereuse pour la santé ». Tant mieux ! Manquerait plus que les parents s'y mettent !

Curieusement, cet univers bien à eux est extrêmement organisé. Il est constitué de contraintes, de règles, d'une hiérarchie parfois militaire qui n'a pas l'air de rebuter ces jeunes joueurs. Eux qui pourtant ne rêvent que de transgression. La différence est qu'ils choisissent cette subordination et qu'elle représente un défi pour eux. Elle n'est pas non plus pesante puisque ce sont eux qui décident, les doigts sur les commandes. Et puis, les concepteurs de ces jeux sont malins, ils savent que tous les ados cherchent à se tester et à se mesurer contre plus forts qu'eux. Ils leur proposent donc un cadre idéal, avec une source de plaisir intarissable, la performance, la réussite, la récompense. Bref, tout ce qui manque cruellement à certains dans la vraie vie.

« *No life* »

La mauvaise réputation de ces jeux vient du fameux « *no life* ». Le joueur qui n'a plus de vie sociale, ne quitte plus sa chambre et se nourrit de barres de céréales pour se consacrer uniquement à ses jeux en ligne.

Le phénomène est possible en raison de la formule insidieuse des parties « massivement multi-joueurs ». Le principe est que le joueur se crée un personnage et se connecte pour livrer bataille. Combattre d'autres créatures ou s'allier avec elles. Mais surtout, ces tournois, qui rassemblent plusieurs centaines de participants, ne s'arrêtent jamais ! Quand le joueur éteint son ordinateur, il sait que le combat se poursuit sans lui. Il perd alors toute notion de temporalité.

Ces jeux sans fin, qui peuvent créer la dépendance, type World of Warcraft ou Dofus, sont devenus enjeu national. Avec un rapport parlementaire qui estime à huit cent mille environ le nombre de joueurs « dépendants »[1]. Et des associations qui se mobilisent[2], et alertent, chiffres à l'appui. D'après une étude IPSOS[3] réalisée pour l'association « e-enfance », le principe « multi-joueurs » concerne 39 % des garçons et devient préoccupant, car 51 % des 15-17 ans déclarent y jouer régulièrement en cachette la nuit. De plus, concernant le temps passé sur les jeux vidéo, il est, pour 34 % des garçons interrogés, le premier sujet de dispute avec leurs parents.

« À table ! » est devenu un gimmick. C'est le début du film *LOL*, la caméra se déplace d'un foyer à l'autre, on entend résonner des « à table ! » excédés. C'est aussi une publicité, où l'on

---

1. Arlette Grosskost et Paul Jeanneteau, députés UMP, « La cyberdépendance : état des lieux et propositions », 18 novembre 2008.

2. « Net Écoute Famille » numéro vert : 0 820 200 000, mis en place par l'association « e-enfance », est un service gratuit et anonyme, d'assistance et de conseil sur les dangers d'internet, du mobile et des jeux vidéo, du lundi au vendredi de 9 heures à 18 heures.

3. Enquête sur les habitudes des jeunes de neuf à dix-sept ans sur internet (via l'ordinateur, le téléphone portable et la console de jeux), avril 2009.

voit, à l'inverse, un ado affamé, s'épuiser à répéter « à table ! »
à ses parents scotchés sur leur ordi pour choisir une voiture.

Internet internat

Alors, certains parents, exaspérés et à court d'arguments, qui
n'arrivent plus à exercer de contrôle sur les horaires et qui voient
les résultats scolaires s'effondrer, s'en remettent à l'autorité de
substitution, l'internat. Une façon radicale de régler le problème,
du moins pendant cinq jours. Car le week-end... dans la bonne
conscience générale, c'est « ordi de rattrapage » ! Il est fréquent
aussi que certains ados (plutôt à partir de la seconde) se dirigent
d'eux-mêmes vers l'internat. Avec des parents qui rentrent tard,
comment résister à trop de tentations le soir à la maison...

Du coup, des pensionnats qui affichent complet et des chefs
d'établissement qui voient arriver des « zombies » qu'il va leur
falloir « resocialiser ». Des ados impossibles à coucher, impossibles à réveiller. Et parfois, s'applique la méthode dure : la
privation totale du portable[1]. Comme dans cet établissement
des Cévennes où, dès le lundi matin à l'arrivée, les élèves
remettent leur mobile, comme s'ils partaient en détention, se
demandant comment ils vont pouvoir passer la semaine, privés
de leur lien social. Même si 10% d'entre eux craquent avant
Noël pour redevenir demi-pensionnaires, c'est une nécessité,
bénéfique pour les autres.

Mais, en règle générale, il n'est pas logique de priver les
jeunes de ces nouveaux procédés de communication qui sont
des vecteurs d'intégration. Leur refuser l'accès à ce nouveau
monde, c'est risquer de les marginaliser. On connaît à leur âge
l'importance de se faire accepter parmi les autres. La peur d'être
différent... Alors, si l'on doit les aider à franchir le cap de

---

1. Reportage Alice Gauvin, *La Vie à l'internat* dans « 13 : 15 le samedi » France 2,
16 janvier 2010.

l'adolescence, essayons d'être plus malins. De comprendre ce qui les attire tant vers les écrans et s'il y a menace d'addiction, donnons-nous les moyens de l'enrayer.

Leur monde est celui de l'image

Ils passent de « Secret Story », ce déballage premier degré, à « Grand Theft Auto IV », jeu hyper violent, mais dont les images fascinent. Tout comme celles, dans un autre genre, d'« Assassin's Creed II » où l'on voyage dans une Venise hyperréaliste. Il suffit de cliquer pour que s'ouvre un monde parallèle, bien plus fantastique que la vraie vie. Qui fait rêver, malgré ses valeurs parfois presque militaires ou ses pratiques du fond des âges. Voir le succès sans précédent du film *Avatar*, où le jeu vidéo flirte avec le cinéma, preuve que le réalisateur a vu juste. Un monde de l'image que les ados maîtrisent et s'approprient jusqu'à en devenir les acteurs. Ce qui explique le succès des réseaux sociaux qui fleurissent sur le net. Facebook, d'un clic, leur permet cette double expérience, ce passage de part et d'autre de la toile. Pour naviguer dans un monde sans tabou, et surtout sans les parents, où ils peuvent se lâcher, « faire genre… ». Relookés à outrance, des « com's[1] » sur le ventre, ils se déchaînent face à leur portable et se postent sur le net. « Du second degré », précisent-ils, car « ils ne sortiraient pas dans la rue comme ça ! » Le but ? S'exhiber, montrer à leurs centaines d'amis ce qu'ils sont capables d'inventer, avec la promesse de pouvoir faire encore mieux. Bref, la surenchère.

Les ados se regardent et se donnent à voir. Ils noircissent aussi des pages et des pages de leur blog. Là aussi, c'est plus facile de se faire passer pour une future star de cinéma, quand on déteste son corps. De se confier sans être vu. Pour cette jeune fille de quatorze ans, son blog, c'est son monde parallèle,

---

1. Commentaires tatoués au feutre à même la peau.

plus simple que sa vie réelle. Il lui permet de gérer ses deux personnalités : « Je peux dire ce que je veux, c'est pas grave on ne me voit pas rougir... ni chercher mes mots. J'ai plein d'amis qui me trouvent bien, ils me donnent la confiance que je n'ai pas et ça compte beaucoup pour moi[1]. »

Face aux écrans, qui rythment leur quotidien, les ados vivent dans une nouvelle dimension. Ils se la jouent en trois D : un peu d'enfance, pas encore adultes et à fond dans le virtuel.

Des jeux qui renvoient à l'enfance

Pour Serge Tisseron[2], les ordinateurs proposent d'autres formes de relations possibles, les « jeux en miroir » qui rappellent les échanges entre un adulte et un bébé. Le parent reproduit les mimiques du bébé qui en fait de même en jubilant de satisfaction. Un jeu d'émotions partagées en somme. Pour ce psychiatre, certains joueurs renouent avec ces moments-là : « Ils sont intarissables sur leur plaisir de voir leurs gestes immédiatement suivis de la réalisation de l'action correspondante par leur avatar. » C'est encore plus flagrant quand la commande propose au joueur des gestes comme dans la réalité. C'est le cas avec la console Wii. Le spectacle d'un joueur lancé à corps perdu au milieu du salon dans un sport qu'il partage avec un écran, ça laisse rêveur...

Michel Stora[3], parmi les défenseurs des jeux vidéo, argumente que la fréquentation de la toile apprend aux jeunes la rapidité, les bons réflexes, une aisance dans la société de plus en plus « électronisée ». Mais aussi, que tout peut être falsifié, bidonné. Ils acquièrent ainsi un regard critique sur le monde et sur l'information. Faux, rétorquent les détracteurs, si ces jeux

---

1. « Envoyé Spécial » France 2, Anouk Burel, janvier 2010.
2. *Virtuel, mon amour*, Albin Michel, 2008.
3. *Les Écrans ça rend accro...*, Hachette Littératures, 2007.

ACCROS AUX ÉCRANS

et le net favorisent le relationnel et permettent l'accès au monde, ils ne véhiculent aucune des valeurs avec lesquelles ces jeunes ont besoin de se familiariser. Or, le risque est qu'ils s'imprègnent de valeurs que la société ne cautionne pas : « Ils sont confrontés à des situations qui ne correspondent pas forcément à leur développement cognitif[1]. » Selon cette chercheuse au CNRS, la multiplication des écrans banalise la pensée, occulte sa part de rêve et fait quitter l'enfance plus vite. Certes ils ne jouent plus aux billes, ni à la poupée. Mais, cramponnés à leur Nintendo DS, à quoi rêvent les enfants ? D'autant qu'ils passent d'un écran à l'autre, jusque tard le soir, sous la couette, avec le portable. Et qu'ils ne pensent plus qu'à une chose : marquer des points, être dans la compétition. Sans se douter des risques qui les guettent.

Mauvaises rencontres

C'est la grande peur des parents. Les petites jeunes filles piégées par un faux ami adulte, qui leur donne rendez-vous à l'extérieur. Ou encore, la recette d'une bombe explosive trouvée sur le net et testée dans le garage. Résultat, deux mains arrachées.

Ces dangers existent. Y sont en particulier exposés les jeunes plus fragiles et mal informés par un entourage familial défaillant. Avec le WiFi, ils se connectent à l'abri des regards, seuls face à la toile et les trois quarts des parents n'ont aucune idée de ce qu'ils font. Ce manque de contrôle peut avoir des conséquences graves selon le profil de l'internaute. D'après l'association SOS Enfants disparus, en deux ans, le nombre de fugues organisées via le web a doublé. En effet, sur les forums, les échanges de tuyaux sur « comment faire pour partir loin de la maison » en sont la preuve. Mais il y a encore plus grave, ce

---

1. *La Manipulation des enfants par la télévision et par l'ordinateur*, Liliane Lurçat, éd. F.-X. de Guibert, 2008.

sont les échanges de jeunes filles qui vont mal et qui s'encouragent, via le web, à en finir avec la vie. Il est indispensable que les parents s'intéressent au contenu de ces « chats »[1] et interviennent sur le temps passé devant la toile. En effet, cette attitude faussement calme, les yeux rivés à un écran, peut parfois cacher des désordres profonds.

Culture ou dépendances

La « dépendance pathologique », c'est aux États-Unis que l'on en parle le plus. Elle concernerait un enfant sur dix[2]. En revanche, en France, les spécialistes ne sont pas alarmistes sur le sujet.

Pour Serge Tisseron[3], qui reçoit pourtant des joueurs excessifs et reconnaît un pouvoir d'addiction aux jeux vidéo, il ne s'agit pas d'une drogue : « 99 % des jeunes s'arrêtent d'eux-mêmes en fin d'adolescence alors que l'on ne cesse pas comme ça de se droguer. » Le psychiatre attire l'attention sur « le risque de passer d'une logique éducative à une logique médicale : parler d'addiction désengage ». En effet, demander au médecin de « guérir » son enfant d'une addiction, cela revient à déresponsabiliser l'intéressé et à en confier la prise en charge à un tiers.

Pour Olivier Phan[4], les jeux vidéo représentent « la cabane au fond des bois ». Cet espace mystérieux, un peu caché, où il était possible de jouer pendant des heures, sans que les parents n'interviennent et qui n'existe plus aujourd'hui. Par peur de l'enlèvement, de la pédophilie, les parents gardent toujours un œil sur leurs enfants. Et le « t'es où ? » du mobile permet un lien constant. Le cordon ombilical renoué ? Alors, aujourd'hui la liberté, pourrait bien être de surfer sur ces jeux auxquels les

---

1. Messagerie instantanée sur internet, se prononce « tchatte » du verbe anglais *to chat* : bavarder.
2. Étude de l'université de l'Iowa, avril 2009.
3. *Qui a peur des jeux vidéo ?*, Albin Michel, 2008.
4. Cyber-consultation, centre Émergence, 6 rue Richemont, 75013 Paris.

parents sont hermétiques. La seule façon d'avoir la paix dans son jardin secret. De raconter ce que l'on veut, d'être qui l'on veut, de combattre l'assaillant de son choix...

Quant à Marc Valleur[1], spécialiste des dépendances, il passe son temps à rassurer des parents qui prennent pour une addiction ce qui n'est qu'une passion. Et pour les « soigner », le psychiatre leur fait parler de leur jeu : « Dès lors qu'il le décrit, il n'y joue déjà plus de la même façon. Apparaît alors un regard critique qu'il s'interdisait auparavant. » Et comme le jeu est « un cache-problèmes », très vite au cours des entretiens les difficultés familiales ou sociales vont émerger. Reste néanmoins qu'une infime partie d'entre eux « basculent ».

Et pour ces cas extrêmes, un médecin militaire-psychiatre chinois a créé un centre de réhabilitation pour désintoxiquer les jeunes « accros » aux jeux vidéo. Dans une ancienne caserne, une sorte de cure, moyennant 900 euros par mois qui peut durer jusqu'à quatre-vingt-dix jours, à base de sport intensif et d'entraînement militaire, kung-fu et autres arts martiaux. Histoire de remettre ces jeunes dans le droit chemin, comme Dou Peng vingt ans : « Il y a trois ans, je suis devenu complètement accro. J'ai fini par passer plusieurs jours de suite dans un cyber-café, y dormant et y mangeant sans jamais rentrer chez moi[2]. »

Le web est aujourd'hui le premier média pour les adolescents à avoir détrôné la télévision : « Devant la télé je me trouve passif. Ce que j'aime sur Internet, c'est l'interactivité », voilà leur discours.

Il ne s'agit pas pour autant de diaboliser l'usage du web, ce lien social indispensable aux nouvelles générations, mais plutôt de leur apprendre à en déjouer les pièges. Ils en ressortiront plus forts. Grandis.

---

1. Médecin-chef, service d'addictologie de l'hôpital Marmottan, Paris.
2. *Le Monde*, 22 mai 2007, article de Bruno Philip, correspondant à Pékin.

8. Independance Day

Février 1975

— *Tu vas être bien, là !*
Mon père vient d'ouvrir la porte de la chambre de bonne, au sixième étage de l'immeuble voisin de l'appartement familial.
Je viens d'avoir seize ans. Sans doute lassés de mon hyperactivité qui pèse plus que jamais sur l'ambiance familiale, mes parents ont proposé, et semble-t-il trouvé la solution pour décontaminer l'atmosphère.
J'observe la pièce avec un sentiment mitigé. Ravi de cette indépendance nouvelle que je revendiquais bruyamment et maladroitement, mais peut-être pas si pressé que ça !
Un sentiment mâtiné d'une vague amertume. Celle que je retrouverai plus tard, mais inversée, dans un film de Dino Risi (Les Nouveaux Monstres), quand un homme accompagne sa vieille maman dans une maison de retraite.
Partagé entre le plaisir d'une émancipation reconnue et un désagréable sentiment d'abandon.
— *Tu sais, tu pourras venir dîner le soir et apporter ton linge...*
La messe est dite !
Un coup d'œil circulaire sur la chambre mansardée me rassure : plutôt cosy la retraite... J'imagine mon lit, la musique quand je veux, les copains, les copines... !

INDEPENDANCE DAY

La pensée des six étages sans ascenseur atténue à peine cette impression plutôt favorable. À la longue, ces escaliers seront vite pesants. Fatigants certes, mais surtout mortellement ennuyeux. Quelques stratégies les rendront vite plus tolérables : compter les marches, monter en courant, s'imaginer un étage en dessous pour apprécier la surprise d'être déjà arrivé...

À la réflexion, ce furent de bonnes années. J'ai réussi mes deux bacs et ma première année de médecine dans mon nouvel espace. J'ai connu mes premières soirées entre copains, mes premiers émois et déboires amoureux aussi...

Je repense à Brigitte. Cette jolie brune de dix-huit ans aimait rester des soirées dans ma « grotte cachée sous les toits » (Francis Cabrel). De deux ans mon aînée, elle galérait un peu en Terminale B, et je l'avais repérée à la brasserie Le Genève, lieu de rendez-vous quotidien des élèves du lycée La Trinité, après la fin des cours. Je me souviens l'avoir suivie un jour où son tempérament volcanique lui avait fait quitter précipitamment le bar, très en colère, après une altercation avec un des play-boys de ma classe. Comment ai-je pu oser lui proposer de venir terminer la soirée chez moi ? La scène a dû lui paraître surréaliste. Pré-ado, pré-pubère, un cartable dans le dos, et un look résolument anti-dragueur qui a certainement rassuré cette fille trop courtisée. Devenu son confident, je repense souvent à ces heures de tendre complicité.

Des moments qui m'ont appris à écouter et encouragé à essayer de comprendre l'adolescence, avant même d'être concerné... !

J'adorais voir arriver Brigitte, surtout à l'improviste. Exténuée par la montée, elle s'effondrait sur mon lit en sortant son paquet de Marlboro.

— Ton père aurait pu te payer un ascenseur !

L'effort faisait briller légèrement son front et ses pommettes, rendant encore plus attirante sa peau mate, sans aucun bouton d'acné, comme si l'adolescence n'avait fait que glisser sur elle.

71

En fait, elle avait un visage de femme adulte, avec une panoplie d'adolescente. Sa tenue préférée était celle de l'époque : un jean serré, à pattes d'éléphant, des sabots suédois bleu marine, et une tunique blanche ou noire « de grand-mère », avec des dentelles. L'ambiance de libération sexuelle l'encourageait à porter sa tunique largement ouverte, pour mon plus grand plaisir.

Les soirées s'étiraient tranquillement, rythmées par les mélodies planantes de l'époque. Atom Earth Mother et l'ensemble de l'œuvre des Pink Floyd coloraient ces seventies où tout paraissait possible. Mélange de saveurs, d'odeurs et de phrases musicales. À l'adolescence, tous les sens s'éveillent, et se croisent comme pour en enraciner les souvenirs.

Je ressens encore cette alchimie de fumée de cigarette, de N° 19 de Chanel et de tendresse partagée qui imprégnait ma couette longtemps après son départ.

J'étais fou d'elle, et elle, elle m'aimait bien...

Elle m'a beaucoup appris. Sur la vie, les filles... le chagrin aussi.

Surtout lorsqu'elle sursautait, réalisant brusquement que l'heure du dernier bus approchait.

Elle effleurait furtivement et tendrement mes lèvres (le maximum autorisé !), et me laissait, pensif, grandi, grisé, avec souvent, en travers de la gorge, le goût amer de la désillusion...

II

« Affronter le gros temps »

L'adolescence,
la recherche de l'équilibre

9. Le cerveau des ados

Difficile pour les ados de trouver l'équilibre qu'ils recherchent, car leur cerveau en pleine transformation ne leur permet pas toujours les performances qu'ils lui demandent. Il paraît même que leurs neurones n'auraient pas encore atteint leur totale maturité.

Pas si bêtes

Presque adultes et encore bébés, à la fois durs et à fleur de peau, pourquoi sont-ils comme ça ? Capables de foncer en voiture vers une falaise, comme dans *La Fureur de vivre*[1], ou de jouer aux adultes en fumant des pétards et en écoutant les Stones, comme dans le film *Lol*.

Aujourd'hui, grâce aux progrès de l'imagerie cérébrale, les neurosciences permettent d'avancer de nouvelles hypothèses. Fini le « tout psychologique » pour expliquer leurs excès et leur humeur exécrable. Les ados seraient immatures parce que dirigés par un cortex lui-même inachevé. Leur cerveau ne serait pas plus accompli que leur corps. Une nouvelle voie de recher-

---

1. Nicholas Ray, 1955.

che fait son chemin. Il y a de bonnes raisons de penser qu'une bonne partie du secret des ados est dans leur cerveau.

Un cerveau difficile à motiver et volontiers attiré par le danger, mais propre aux ados. Il serait même « unique... »[1], selon une étude américaine. Et, muni de grandes capacités, il serait « un bolide avec de mauvais freins ».

L'auteur, le docteur Jay Giedd[2], jette un pavé dans la mare et déboulonne les vieux poncifs à la fois de « l'âge bête » et du « tout se joue avant six ans ».

Pour lui, si le cerveau continue d'évoluer bien au-delà de dix-huit ans, le pic de la matière grise, ce moment du foisonnement des cellules, se situe entre sept et onze ans. En pleine préadolescence, cette surabondance de cellules et de connexions neuronales est capitale pour la suite : « Si un adolescent fait de la musique, du sport ou une autre activité, ces connexions seront renforcées. S'il reste couché sur le canapé, joue aux jeux vidéo ou regarde la télé, ce sont ces connexions-là qui vont subsister. » Grave !

En effet, après cette étape décisive, la quantité de matière grise va descendre en flèche. Une perte d'environ 40 %. Autrement dit, seuls les neurones les plus entraînés vont tenir le choc de cette élimination. « Les neurones que l'on va perdre sont ceux que l'on n'utilise pas[3] », dit Jay Giedd.

Que l'on se rassure, l'homme n'est pas pour autant moins compétent à trente qu'à quinze ans. Son cerveau travaille différemment. En vieillissant, il a certes moins de connexions mais elles ont gagné en efficacité. Plus spécialisées et entraînées, elles deviennent plus rapides. Des sortes d'« autoroutes » de la pensée beaucoup plus performantes. En voici une illustration grâce à l'humour d'un chercheur américain : « Dans deux ans,

---

1. « Le cerveau des ados décrypté » de Elena Sender, *Sciences et Avenir*, sept. 2008 ; « Les secrets du cerveau des ados » de Michel de Pracontal, *Le Nouvel Obs*, sept. 2005.

2. Chef du département d'imagerie cérébrale du service de pédopsychiatrie du National Institute of Mental Health (USA).

3. *Use it or lose it*, Jay Giedd.

ma fille aura seize ans et ma prime d'assurance automobile va doubler, alors qu'elle aura probablement des réflexes plus rapides que moi et une meilleure mémoire des règles de conduite. Mais elle aura plus de risques d'avoir un accident, car son cerveau mettra plus de temps à gérer une situation complexe, tandis que le mien réagira immédiatement. »

Mais pas encore équipés

Autre originalité dans les travaux de l'américain Jay Giedd, la chronologie de la formation du cerveau. Une petite révolution dans l'explication des comportements à l'adolescence.

On le sait, le cerveau prend tout son temps pour arriver à maturité. Jusqu'à l'âge de vingt-cinq ans environ. S'il y a du nouveau, c'est dans le calendrier de cette lente maturation. Elle suivrait un mouvement de l'arrière vers l'avant du cortex, selon des étapes bien différenciées. Au niveau de la nuque, seraient formées en premier les zones sensorielles. Puis dans un second temps, celles de la parole, du langage, de l'attention. Enfin, les plus tardives à s'installer seraient les zones du lobe frontal. C'est-à-dire celles de la planification, de la stratégie et de l'organisation. Pas étonnant si les ados ont du mal à gérer leurs émotions et leur emploi du temps. Ils ne seraient pas encore équipés ! Telle est la conclusion du chercheur :

« Ce n'est pas que les ados soient stupides ou incapables. Mais il est en quelque sorte injuste d'attendre d'eux qu'ils aient des niveaux adultes d'organisation ou de prise de décision, avant que leur cerveau ne soit achevé. »

Avec une faible capacité d'anticipation

Pour les spécialistes de l'imagerie cérébrale beaucoup d'autres explications sont au cœur des neurones. James Bjork[1] et ses collègues ont observé un échantillon de jeunes[2] au cours d'un jeu d'argent (choisir entre gains et pertes) et l'ont comparé à un groupe d'adultes. Alors que ceux-ci activent la zone de l'évaluation des choix, les ados eux n'activent rien du tout. Ils ne semblent pas réagir à la perte d'un gain, sauf s'il est capital : « Si l'adulte choisit le moindre risque, c'est qu'il anticipe. L'ado lui n'a pas la capacité de le faire. »

Et un penchant pour le risque

Si les jeunes ont besoin d'une motivation forte pour se mettre en route, cela pourrait aussi expliquer qu'ils aiment se mettre en danger. Laurence Steinberg[3] a soumis deux questionnaires à trois groupes de jeunes d'âges différents. Le but était d'évaluer la prise de risque, seul ou en présence d'un pair. Les résultats sont clairs. La prise de risque décroît avec l'âge. En groupe, les jeunes prennent des décisions plus risquées. Par la suite les chercheurs ont constaté que l'influence des copains diminue de quatorze à dix-huit ans.

Bien sûr, ces observations ne peuvent pas tout expliquer. Elles peuvent néanmoins alerter sur la fragilité des jeunes face aux risques et aux dépendances. Et fournir des pistes utiles pour orienter les campagnes de sensibilisation. Car prévention du sida ou lutte contre le tabac et l'alcool risquent de rater leur objectif. Si les jeunes ne sont pas sensibles aux conséquences

---

1. National Institute on Alcohol Abuse and Alcoholism (Maryland).
2. Voir article in *Journal of neurosciences*, 2 mai 2007.
3. Département de psychologie de l'université de Philadelphie (USA).

LE CERVEAU DES ADOS

à long terme, inutile de leur claironner que c'est dangereux, pour eux c'est inaudible.

Les ravages de l'alcool

De leur côté, les chercheurs français sont plus prudents. Ils estiment que les observations américaines sont sérieuses, mais réductrices. Le fonctionnement psychique ne peut se résumer à des hypothèses, il répond à une multitude de critères (contexte, environnement) qu'une mise en équation du cerveau ne peut intégrer.

Néanmoins, la France a aussi ses résultats, et pas des moindres. Selon Jean-Luc Martinot, psychiatre-chercheur[1], l'imagerie cérébrale a permis une découverte capitale : « Plus la consommation d'alcool est précoce, plus elle entraîne une diminution des cellules nerveuses. » En effet, une étude réalisée entre 2003 et 2006[2] montre que le cerveau des sujets dépendants présente des modifications anatomiques, notamment une diminution de la matière grise dans les régions frontales. Mais surtout, cette étude révèle que l'âge du premier contact avec l'alcool est déterminant. Plus l'alcool est consommé à un âge précoce, plus les cellules nerveuses régressent dans certaines régions du cerveau encore en pleine maturation.

Preuve est faite donc que la prise d'alcool à l'adolescence fait des ravages. Et que son impact est décisif sur le développement du cerveau. D'où, encore une fois, l'intérêt majeur de la prévention des toxicomanies chez les jeunes à risque.

---

1. CEA-Inserm laboratoire Neurospin (Saclay).
2. CEA, Inserm et APHP.

Et des traumatismes

L'apport de la neuro-imagerie a également permis de mieux connaître le fonctionnement de certaines pathologies, comme la dépression, bien qu'il ne soit pas encore envisageable d'en faire le diagnostic à l'aide d'une IRM. On a mis en évidence que cette maladie mentale se caractérise par une diminution des cellules nerveuses dans certaines régions profondes du cerveau. Et chez l'adolescent, comme pour l'alcool, elle pourrait laisser son empreinte à vie.

D'où une vaste étude en cours en Europe sur deux mille ados de quatorze ans. Son but est de faire le lien entre les caractères génétiques et certaines pathologies. Puis, une fois les bases neurologiques identifiées, d'estimer leur rôle dans les troubles mentaux et les traumatismes. Il est prévu également d'évaluer l'influence des substances toxiques sur le développement du cerveau des jeunes. L'objectif est d'essayer de faire la part entre le biologique et le psychologique. Et de vérifier si ces événements laissent leurs traces. Ce qui permettrait une meilleure prévention, mais aussi une amélioration du diagnostic et des traitements.

L'invasion des hormones

Et tandis que le cerveau s'installe tranquillement, le voilà contrarié par une invasion massive d'hormones. Un peu comme si on mettait de l'huile sur le feu. Une armée d'agitateurs qui va mettre le corps en ébullition et compliquer cette phase de maturation du cerveau.

Des chercheurs[1] avancent avoir identifié l'hormone[2] responsable des sautes d'humeur des ados. Une hormone qui agit

---

1. Docteur Shery Smith, Université de l'État de New York, Nature Neuroscience, 2007.
2. L'hormone THP ou alloprégnanolone qui agit comme tranquillisant chez l'adulte.

habituellement sur l'anxiété pour la calmer et qui, chez les ados, provoquerait l'inverse. Elle augmenterait le stress à la puberté. Des explorations plus poussées sont nécessaires pour interpréter l'origine de cette inversion. Mais, en attendant, cette première approche est prometteuse. Elle est surtout utile pour les parents dans la compréhension de leur ado.

La responsabilité des hormones dans le comportement des ados reste encore assez mystérieuse. En revanche leur implication semble assez claire et directe sur leur sommeil.

En décalage horaire

Jamais couché, jamais levé non plus ! Les horaires, l'équivalent d'une guerre nucléaire entre parents et ados. À croire qu'ils vivent en perpétuel décalage horaire. Des chercheurs australiens[1] assurent qu'ils seraient des êtres désynchronisés, en permanence décalés. Obligés, la plupart du temps, de se lever deux heures et trente minutes plus tôt que leur horloge biologique l'exige.

L'étude montre que, lorsqu'ils n'ont pas cours, les ados dorment facilement neuf heures par nuit. Ce serait le rythme idéal. À condition de se coucher comme les poules. Et ça, pas question. C'est justement le moment d'attaquer une seconde journée, particulièrement chargée, jeux en réseau, chat, poker. La raison de ce « réveil » serait hormonale. La mélatonine, qui justement indique au corps qu'il est temps d'aller au lit, ne se manifesterait chez l'ado que tard le soir.

Le psychologue clinicien et chercheur Thomas Saïas[2] le confirme. Les grands bouleversements hormonaux à l'adolescence ont un impact non négligeable sur le sommeil.

---

1. *Journal of Adolescence*, avril 2008, Suzanne Warner (Université Technologique de Swinburne, Hawthorn).

2. *Quand dormir devient un problème*, R. Shankland, T. Saïas, La Martinière Jeunesse, 2006.

Le nombre de cycles se réduit. Passe de sept à cinq. D'où une importante diminution du sommeil profond, le plus récupérateur, au profit du sommeil léger. C'est démontré, les ados ont besoin de se coucher tard ET de se lever tard. Or, les contraintes du quotidien, les cours, le sport sont incompatibles avec ce rythme biologique. Leur manque de sommeil est devenu chronique. Il est évalué à environ deux heures par jour en période scolaire.

Dès la classe de cinquième, la moitié des élèves se couchent après 22 heures la veille des cours. En troisième, cette proportion passe à 80 %[1]. Les ados tentent de récupérer le week-end. Hélas, ces jours de repos se traduisent par un écart qui se creuse encore : les ados se couchent en moyenne une heure et demie plus tard et se lèvent trois heures et demie plus tard. Lourd le jet lag du lundi matin !

Du décalage biologique au décalage social, l'adolescent navigue à vue. Sans conscience du danger. Scotché sur des écrans sources de lumière, qui retardent encore son sommeil ; la route après une fête particulièrement alcoolisée ; un poker la veille d'un examen… Peu importe si sa vie future est en jeu. Un vrai gâchis, c'est souvent l'image qu'il renvoie aux parents décontenancés face à cette vie à l'envers. Comme devant un athlète qui ruinerait son potentiel en vivant la nuit. Aux adultes donc de ne pas se décourager. D'être le coach de ce sportif de haut niveau qui s'ignore. Lui expliquer que le manque de sommeil tue l'énergie et l'enthousiasme. Qu'au contraire, dormir, c'est la liberté. Celle d'être en forme, de faire des choix et donc ce que l'on veut. Bref, l'aider à trouver sa vitesse de croisière.

Avant d'affronter les grains qui s'annoncent.

---

1. Étude CPAM et académie de Paris, dans vingt-deux collèges, 2007-2008.

10. Trou d'air

Février 1975

C'est pas la joie...
Je viens de fêter mes seize ans. Seul dans ma chambre de bonne, je fais mes comptes.

Mon année de terminale se présente très mal. Je viens de rater mon bac blanc dans les grandes largeurs.

Brigitte m'a annoncé dans la foulée que je serai toujours son « ami ». Comment un mot aussi gentil peut-il devenir aussi violent ?

J'ai épuisé mon argent de poche...

Au lycée, toujours pas de copains, et des professeurs qui me regardent d'un air désespéré : « On vous avait dit qu'il fallait redoubler votre première. »

De toutes façons, je ne vois pas du tout, mais pas du tout ce que je vais faire plus tard.

Chronique d'un plantage annoncé. Le pire de tout, c'est l'échec scolaire.

Personne ne peut imaginer sans l'avoir vécu, que tous les mauvais élèves, même et surtout s'ils font preuve de désinvolture, n'ont qu'un rêve : avoir de bonnes notes...

L'examinatrice du bac blanc est une prof de physique d'un lycée voisin. Elle m'a anéanti...

Je tire une question au hasard. Je n'ai jamais eu de chance dans ces moments-là, mais ce coup-ci, c'est le pompon ! Calculer la trajectoire d'une fusée qui démarre avec un gros paquet de kérosène et qui en perd en route. Jamais entendu parler de ça ! Par contre des souvenirs colorés m'envahissent : Tintin et le module lunaire, Apollo 13 (« Allô Houston, on a un problème ! »)...

Je dois sourire pendant mon rêve éveillé, car je suis rappelé à l'ordre d'un brutal : « Ça a l'air de vous amuser ? »

J'essaie de m'en sortir par une pirouette :

— Je me demandais ce qu'aurait fait le capitaine Haddock ?

Mauvaise pioche ! Pas un sourire, juste une crispation qui ne me dit rien qui vaille. Visiblement, pour l'humour, elle est déjà au maximum.

— Alors vous savez ou vous ne savez pas ?

D'un regard implorant, je fixe le paquet de questions restantes, espérant un joker...

La réponse est tout aussi muette et informative, d'un mouvement de tête, style « N'y pensez même pas ».

De toute façon, je serais sûrement tombé sur des poulies chinoises inversées ou des fluides plus légers que l'eau...

Elle m'a mis 1/20. Coefficient 7, ça plombe une moyenne...

Grosse fatigue....

Pour dire vrai, il n'y a pas grand-chose qui marche, pas beaucoup de raisons d'espérer.

Mes parents font ce qu'ils peuvent. Depuis que je vis seul, ils me lâchent un peu pour les notes, et font des efforts louables pour masquer leur déception. On aborde rarement le sujet, mais je sens que ça bouillonne en profondeur, avant que ne surgisse de temps à autre une flèche de lave incandescente, au retour des réunions parents-professeurs où ils se rendaient en traînant les pieds : « Quand je pense comme on adorait ça quand tu étais petit... »

Après ça, j'ai les six étages de mon nid d'aigle pour digérer...

Assis à mon bureau, je tombe sur mes notes du bac de français, ma matière forte.

5/20 à l'écrit... à cause d'un contresens malheureux. Je ne risque pas de l'oublier, on en parle encore. Je me souviens de ce texte à commenter : « L'épervier de Maheux », de Jean Carrière. Un beau passage, mais perfide. L'auteur décrit les paysages cévenols, avec juste une métaphore qui m'a échappé. Le vent dans les champs de blé est décrit comme les vagues de l'océan, vous rajoutez la brume et des « pierres celtiques » (les traîtresses !) et me voilà commenter avec emphase la somptuosité de la Bretagne ! S'il faut en plus être bon en géographie pour réussir le français... En tous cas, ça continue d'amuser mes proches qui me demandent avant chacun de mes voyages si je pars... dans les Cévennes.

Et toujours la même rengaine : « Travaille ! » Alors que personne ne voit que toutes mes fonctions intellectuelles sont occupées à d'autres tâches, que mon espace psychique est « préoccupé », donc pas disponible pour apprendre.

— Fais des fiches !

Rien que la vue d'un stylo me terrorise. L'énergie qu'il me faut déployer pour former des lettres lisibles est décourageante.

En le pensant, je me surprends à griffonner sur la couverture de mon agenda, comme une jouissive provocation : Et si je devenais poète ?

Là, pour le coup, ça vient tout seul !

```
Seul dans ma chambre, je suis seul et sage,
Une fois n'est pas coutume,
Et devant ce miroir, cette étrange image,
À laquelle peu à peu je m'accoutume
```

Oui, j'allais oublier, physiquement, ce n'est pas ça ! Des lunettes démodées, des cheveux blonds, longs et filasse que je n'ose pas couper pour mieux masquer l'ensemble, des traits fins mais mal organisés. Une fois sur deux, on me prend pour une fille, ce qui aggrave le malaise. Quand la papetière m'a accueilli d'un « Et la demoiselle, que désire-t-elle ? », j'ai rebroussé chemin couleur coquelicot, et claqué la porte d'un stupide « Au revoir, monsieur ».

> Qui suis-je ? Tristan je ris, Siegfried je
> pleure,
> cette vie sans saveur,
> entouré de Walkyries
> anonymes et cruelles,
> qui ignorent que c'est Elles que j'aime.

C'est vrai qu'avec les filles, je n'ai pas un succès fou. Entre les rares qui me trouvent rigolo et me protègent comme un petit frère, et la grande majorité des stars de terminale qui ne me « calculent » pas, j'ai vite compris qu'il n'y avait pas d'espoir de ce côté-là non plus.

Quelle amertume lorsque je croise des couples de mon âge. L'impression d'un bonheur que les ados « normaux » savourent et qui me sera toujours interdit. Lorsque aujourd'hui j'évoque cette sensation désagréable avec mes jeunes patients qui souffrent du même isolement, leur réaction est toujours étonnante, mélange de perplexité et d'apaisement : « Comment vous savez ça ? » Ils comprennent que nous venons de la même planète.

> Alors je sombre et nage,
> Sorcier du Tage,
> Bateau ivre d'avoir rien vu,
> rêvant de ce récif inconnu,
> introuvable Graal,
> que nulle carte ne signale.

TROU D'AIR

Mettre des mots sur les plaies comme un pansement miracle me dope.
Je termine en force...

Comme ce roi fou de Bavière
je m'allonge sur cette civière
et sombre, enfin, adieu
dans le doux crépuscule des Dieux

J'apprendrai plus tard en psychiatrie que la mégalomanie protège de la dépression !
Je me sens déjà un peu mieux.
Je relis mon poème, m'énerve car certains mots sont indéchiffrables...
Comme souvent quand rien ne va, je le trouve super nul, le froisse méchamment.
Puis je me ravise, le déplie soigneusement et le coince entre les notes du bac et le bouquin de philo.
Ça me servira peut-être un jour...

11. Zoé et ses ennemis intérieurs

« L'ennemi, tapi dans mon esprit, fête mes défaites[1]... »

— Bonjour, c'est Zoé, je ne vous dérange pas, vous reprenez le travail quand... ?

Attablé sur le balcon de Peisey Nancroix, petit village de Vanoise, face au glacier de Bellecôte, je savoure mes derniers jours de convalescence. Un stupide accident de sport m'a maintenu éloigné plusieurs mois de mes réalités médicales.

Il m'arrive de confier mon numéro de portable à certains ados, lorsqu'ils sont trop mal. Un privilège dont ils abusent peu mais qui rassure le jeune patient et son psychiatre !

Je n'ai pas revu Zoé depuis un an. Tout allait bien. À dix-sept ans, elle semblait enfin libérée de ses vieux démons.

Son appel signe-t-il une rechute ?

Non, en fait, il s'agit de tout autre chose...

— Je ne vais pas bien. C'est fini avec Lucas. On était ensemble depuis deux ans. C'était l'homme de ma vie...

La voix un peu rauque de l'adolescente me replonge dans l'ambiance de notre première consultation, quatre ans plus tôt.

Les parents de Zoé avaient amené en urgence leur fille de quatorze ans qui décrochait au collège.

---

1. *Mozart, l'Opéra rock,* « L'assasymphonie ».

Je me souviens de l'effet ressenti ce jour-là devant cette grande et jolie adolescente. Moulée dans un tee-shirt et un jean noirs « slim », arborant une imposante ceinture griffée Dolce et Gabana, et comme souvent à cet âge, une méconnaissance surprenante de l'effet qu'elle produit... sur les adultes. J'en veux parfois aux industriels de la mode de faire trop vite de ces enfants des Lolita.

Les parents me racontent alors une histoire terriblement banale : l'enfance d'une petite fille modèle, tête de classe en primaire, fierté de sa famille et entourée d'une bande de copains. Puis, les premiers clignotants qui s'allument au collège. Jusqu'à cette classe de troisième où les troubles du comportement et les mauvaises notes déçoivent et freinent un itinéraire qui paraissait pourtant simple et prometteur.

Zoé est exclue en fin de quatrième pour « Absence de motivation et provocation ».

Dur à entendre. Et surtout difficile à avaler pour des parents pris de court par un verdict auquel ils n'étaient pas du tout préparés.

Ce jour-là, panique à bord. Le bateau prend l'eau. Les parents extraient leur fille du collège pour la sauver de la noyade et la mettre au sec dans un nouvel établissement. Elle est acceptée en troisième mais l'embarcation est fragile. Pas question d'aller trop loin. Une réorientation paraît être la bonne voie. Encore une fois, l'avis des enseignants laisse les parents sous le choc. Leur fille, si brillante ! Et le cauchemar continue. À la maison, même désillusion. Zoé est insaisissable. Ses colères injustifiées terrorisent ses petits frères. Ses variations d'humeur rythment l'ambiance. D'une famille déboussolée. Désespérée.

Je reçois Zoé seule. Je connais ses parents avec lesquels, étudiant, je faisais la fête. Ce n'est pas un obstacle pour elle. Signe que son problème n'est pas lié à eux. Qu'il ne s'agit pas d'un conflit de génération. Au contraire, cette proximité favorise une atmosphère chaleureuse, un « pré-transfert » positif qui va faciliter le contact.

— Tu es d'accord avec ce que m'ont dit tes parents ?

— Ben oui ; j'ai l'impression de tout rater, et de leur faire du mal...

— Tu as une idée de la cause...

Elle secoue la tête en silence, les yeux dans le vague.

Étrange. Elle est face à moi et semble ailleurs en même temps. Elle répond de façon adaptée, mais quand ses yeux me fixent, ils semblent chercher quelque chose. Un peu comme l'appel muet et interrogatif de quelqu'un pris en otage... Zoé est visiblement absente et ses pensées lointaines.

Une intuition m'incite à lui suggérer, l'air de rien, une confidence :

— Il n'y a pas des moments où tu te sens obligée de faire des choses absurdes, ou de penser à des trucs stupides, et ça t'énerve ?

Ses yeux sombres s'éclairent d'étonnement. Elle sourit même, un peu bluffée :

— Comment vous savez ça, vous ?

J'élude la question. Surtout ne pas faire le malin. L'autosatisfaction des adultes est cassante et paralysante pour les ados. Elle réveille en eux leur sentiment d'incomplétude. J'ai parfois ainsi brisé le cours de consultations bien engagées.

Je poursuis mon investigation :

— Des choses ou des idées qui se répètent et qui te font perdre du temps ?

Lourd silence encore. Mais cette fois-ci, un rideau de mèches blondes masque le joli visage tourné vers le sol.

— Vous avez un Kleenex ?

Je tends la boîte distraitement et avance mes pions.

— Des choses idiotes... ?

J'ai soudain l'impression d'un soulagement. D'un verrou qui vient de sauter. Un peu comme si Zoé venait de trouver la clé. Celle d'un cadenas qu'elle pensait perdue depuis longtemps.

Ses yeux humides réapparaissent, animés d'un éclat bien présent cette fois.

ZOÉ ET SES ENNEMIS INTÉRIEURS

— Oui, c'est trop débile. Dès que j'entre en classe, il faut absolument que je retienne la première phrase du prof, que je la... (elle cherche le mot, et imite un ciseau avec ses doigts) découpe pour repérer la lettre du milieu...

Zoé s'en fait une obligation car, derrière ce rituel, se cache une sorte de piège. Un chantage qu'elle s'impose à elle-même :

— Je dois absolument trouver la lettre, pile au milieu, et sans me tromper, sinon il va arriver une catastrophe !

— Qu'est-ce que tu crains par exemple ?

— J'sais pas, tout ! Que mes parents divorcent, ma grand-mère meure, mon chien se fasse écraser, ma meilleure copine se fâche avec moi...

Ce rituel a commencé en cinquième, au moment où pour la première fois la bonne élève a eu de moins bonnes notes :

— Ça m'a dégoûtée de l'école !

Zoé ne peut se douter qu'elle met un doigt dans un engrenage qui va l'enchaîner davantage. Car cet exercice, particulièrement compliqué, peut lui faire perdre un bon quart d'heure. Difficilement rattrapable. Chaque cours est ainsi mutilé, on en connaît les conséquences.

Zoé, libérée de son secret, devient intarissable.

— Je sais que c'est bête, mais franchement, je ne peux pas m'en empêcher...

Et impossible d'en parler, qui comprendrait ? Et puis surtout, la peur d'être ridicule... de ne pas être conforme aux adolescents de son âge.

Renouvelé toutes les heures, à chaque changement d'enseignant, le rituel devient intenable, sclérosant, vite aliénant et forcément épuisant. D'autant qu'elle remet ça le soir à la maison ! Mais là, Zoé peut s'autoriser à exploser. Le cadenas qui verrouille ses peurs vole en éclat. Ses angoisses s'expriment bruyamment, par la colère. À l'inverse de ses profs, et de ses amis, ses parents pardonneront...

J'AI UN ADO... MAIS JE ME SOIGNE

Zoé souffre de TOC, tout simplement. Ces Troubles Obsessionnels et Compulsifs[1] qui viennent entraver un fonctionnement intellectuel jusque-là bien huilé. Trop parfait justement. Comme chez Zoé où la perspective d'un échec scolaire a fait l'effet d'un séisme. Un trop-plein d'angoisse qu'elle n'a pas pu gérer autrement qu'en inventant une stratégie complexe. Qui, au bout du compte, aboutit à la punir. S'y rajoute un sentiment d'impuissance face à cette obsession qui, pourtant, émane de sa propre pensée et dont elle est devenue l'esclave ! Décourageant....

— Et tu n'en as jamais parlé à personne ?

Là, elle se moque franchement de moi !

— Si si, j'ai fait une annonce collective et aussi un article dans le journal du collège !

Zoé retrouve le sens de l'humour. Encourageant.

La suite de la consultation continue de rassurer l'adolescente. Sur la normalité de sa vie psychique, sur la banalité de ses symptômes à cette période de vie, surtout chez une fillette jusque-là sans histoire.

À la fin de l'échange, Zoé s'apaise. Et m'interroge...

— Mais pourquoi ?

À la fois simple et complexe ! Cela demandera un peu de temps pour tout comprendre.

En attendant, une question me démange...

— Et quand tu es entrée dans mon bureau, ça te l'a fait ?

Pour la première fois, son sourire est joyeux.

— Ben, oui et non. En fait, j'ai tout de suite vu votre nom écrit sur votre porte. Il m'a suffi de constater que la lettre du milieu de votre prénom était la même que celle de votre nom. La découverte de ce double V m'a immédiatement apaisée...

Victoire !?

J'aborde alors les stratégies thérapeutiques : thérapie comportementale, psychothérapie, médicaments, ou... rien du tout

---

1. Voir chapitre sur les TOC, *Même pas grave !, op. cit.*

si Zoé estime qu'elle peut enfin composer avec ce secret dévoilé, désacralisé et partagé.

Je lance l'idée que, au-delà de sa particularité, Zoé a peut-être d'autres choses à affronter.

Elle acquiesce et évoque tour à tour tous ceux « qui la soûlent » : des parents trop exigeants, les garçons trop pressants, les filles lunatiques et envieuses...

Elle doit lutter sur deux fronts à la fois. Ses idées obsédantes, et sa vie d'adolescente trop courtisée. Un excès d'attention de tous. Des ennemis intérieurs et des ennemis extérieurs, qui parfois se liguent pour lui rendre la vie impossible.

Elle a besoin d'un espace de neutralité, où elle puisse parler sans risque. Une écoute dont elle s'est immédiatement saisie et qui lui a permis d'ouvrir une porte là où elle ne voyait qu'un mur infranchissable.

Les consultations se sont espacées d'elles-mêmes. Progressivement Zoé a pu abandonner ses rituels en leur donnant du sens. Sa pensée une fois libérée, Zoé a pu se remettre au travail. Et même à la maison, la jeune fille est enfin devenue accessible. Bref, Zoé allait bien jusqu'à aujourd'hui.

Jusqu'à ce coup de téléphone.

— Lucas, je viens d'apprendre qu'il m'a trompée. Je suis trop dégoûtée, je ne veux plus jamais le revoir...

Chez tous les ados, ces chagrins d'amour doivent être pris au sérieux. Notre amnésie d'adulte nous incite à en minimiser l'importance alors qu'ils représentent souvent une première grande déception, alourdie par le sentiment que ça ne marchera jamais.

Les enfants ayant comme Zoé une personnalité marquée par des tendances obsessionnelles sont encore plus vulnérables car rien ne leur est plus douloureux que la perte de contrôle. Corsetée dans ses certitudes, écrasée par l'obligation de tout maîtriser, Zoé ne peut imaginer d'autres solutions que les plus extrêmes. Le « tout ou rien » des ados est ici poussé à son paroxysme.

Il me faut l'aider à assouplir sa pensée, une fois encore. Je suis d'ailleurs touché qu'elle fasse à nouveau appel à moi, comme si on s'était quittés hier. Elle ne m'a pas rappelé par hasard. Quand la situation paraît fermée, logique de se retourner vers celui qui avait su dynamiter le coffre-fort de ses TOC !

Je lève la tête, à la recherche des mots les plus justes.

En face de moi, le glacier semble transpirer sous le soleil de printemps. Le silence imposant de la montagne génère une sérénité incroyable. Un hélicoptère s'approche du sommet de Bellecôte pour déposer des skieurs de l'impossible. Curieusement, il paraît complètement silencieux, comme si, lui aussi, s'efforçait de respecter l'ambiance.

— C'est horrible, je l'aimais trop, je suis juste… écœurée…

Je tente d'atténuer la gravité de sa découverte.

— Si c'est l'homme de ta vie, vous vous retrouverez. Et cette expérience vous protégera pour la suite…

Je me retiens de lui parler de ma propre expérience. Pas question de devenir trop vite un ami. Elle a encore besoin d'un médecin.

12. Quentin, attention fragile !

« Cette dernière consultation a été un vrai plaisir. L'impression d'avoir accompagné Quentin vers la réussite, grâce aussi à l'effort réalisé de votre côté. Bravo et merci. »

Ce courrier s'adresse aux parents de Quentin, dont le dossier se ferme après quelques années de consultations. Car avant d'en arriver là…

Revenons au début, cinq ans plus tôt.

« Quentin, treize ans, souffre de lenteur et d'angoisses. De plus, il présente de nombreuses phobies qui l'empêchent de vivre. » C'est en ces termes que son pédiatre me demande de le recevoir.

Pas de chance ! Je vois arriver une victime du mauvais sort, Quentin s'est fracturé le poignet. Gauche bien sûr puisqu'il est gaucher. Il ne peut donc plus faire grand-chose. Les vacances sont pourries, pas de ski, pas de tennis. Rien.

Sa mère, douce et craintive, tendance mère poule, se désole :

— Cet accident, cela l'isole encore davantage. Lui qui déjà a peur des autres !

À commencer par son père. Un chef d'entreprise grenoblois, brillant et rigoureux, que Quentin admire et craint en silence.

— Oui, c'est vrai, j'ai tout le temps peur, j'imagine toujours des catastrophes et je pense à la mort, confirme un petit gosse blond aux traits fins. Tous les soirs, je suis un peu déprimé, poursuit-il, je pense même parfois à me jeter par la fenêtre, j'en ai marre de ces coups de déprime.

Ses seuls moments de répit sont la télé et sa passion pour la conduite automobile. Plus tard d'ailleurs, il veut être pilote. Courses, rallyes, c'est la vitesse et la compétition qui l'intéressent. Pas si timoré le petit oiseau tombé du nid ! Les copains ? Il n'en a presque pas. Trop violents, il préfère les tenir à distance. Quant à ses notes, elles se sont effondrées. La faute à l'accident, impossible d'écrire correctement avec un poignet cassé.

— Je vous le dis, je n'y arriverai jamais. Je vais encore décevoir mon père.

Sur l'échelle d'anxiété[1] qu'il remplit devant moi, son score dépasse largement la moyenne. Rien d'étonnant mais l'exercice permet de confirmer qu'à ce niveau il s'agit bien d'une pathologie. Il est d'accord pour venir me voir régulièrement et prendre un tranquillisant pour s'endormir sans broyer du noir. Recommandé dans son cas.

Quelques semaines plus tard. Quentin a toujours ses obsessions. Son père est pessimiste :

— Il fuit les problèmes, jamais il n'essaie de se dépasser.

Et sa mère, fidèle à son idéologie sécuritaire, joue les modérateurs :

— Jusqu'à son accident au poignet tout allait bien ! C'est depuis, qu'il est découragé et a perdu toute volonté.

Je suis touché par ces gens. Désemparés, pleins de sincérité et prêts à tout pour comprendre l'origine des soucis de leur fils unique. Qui selon moi présente une sorte de « névrose posttraumatique ». Il a souffert et n'a pas digéré de se faire casser le poignet par un camarade. « En jouant certes, mais tout de même, ça craint ! » Depuis, il accumule une frustration et ce qui lui ferait du bien, c'est « une indemnisation », même sym-

---

1. L'Échelle d'anxiété de Hamilton comprend quatorze items auxquels correspondent des symptômes que le patient évalue à l'aide de cinq degrés de gravité.

bolique. Plus qu'une simple réprimande à l'égard du copain. Bref, la reconnaissance officielle de son malheur, pour enfin clore le chapitre. Car au bout d'un an, alors qu'il est parfaitement rétabli, il se plaint toujours qu'il a mal. Cela le gêne et il ne peut faire aucun sport.

J'évoque l'idée avec sa famille, en insistant sur cette nécessité de réparation. La réaction du père est cinglante :

— Pas question, je ne veux pas lui donner le goût de l'argent facile !

Néanmoins on ne peut laisser Quentin sans soins, au risque de l'enfermer dans ses obsessions et ses phobies. Quant à la perspective de suivre une psychothérapie, sur ce point également le père est réticent. Il craint un excès de « médical » pour son fils :

— Moi aussi, j'avais des peurs à son âge et je me suis bien débrouillé tout seul !

Difficile pour un père qui réussit tout, d'entendre dire de son fils qu'il est fragile. Et depuis toujours.

Dès sa naissance, ils avaient failli le perdre. Un bébé tout frêle, qu'il avait fallu surprotéger, avant d'enchaîner bronchites, otites à répétition et même un début d'asthme. Au bout du compte, cet enfant chétif, qui avait parlé tardivement, soupire aujourd'hui à longueur de journée, trouvant tout « trop dur ».

À huit ans et demi, il m'avait été adressé, une première fois, par son pédiatre pour lenteur et difficultés scolaires. Il peinait à faire un dessin : « Je n'y arrive pas, je ne sais pas faire. » Déjà anxieux et inhibé, j'avais conseillé, pour lui redonner confiance et le détendre, un soutien scolaire et des séances de psychomotricité.

Aujourd'hui, je retrouve un garçon un peu plus dégourdi, mais sensible et craintif à l'extrême.

— Dès que je sens l'odeur du gaz, j'ai peur. Je pense au suicide. J'ai peur toujours aussi pour ma famille, d'être responsable s'il arrivait quelque chose.

J'AI UN ADO... MAIS JE ME SOIGNE

Et pour fuir cette hantise envahissante, il rêve de courses automobiles. Une stratégie souvent insuffisante pour l'apaiser vraiment. Alors il a ses trucs à lui, une sorte de TOC[1] :

— Dès que je ressens une douleur, je touche mon corps pour vérifier si ce n'est pas un cancer.

Cet enfant a peur de tout, je le sens immature. Pas étonnant qu'au collège on dise de lui qu'il est « en sucre » et « pas branché », avec ses tenues classiques et un père qui lui interdit d'écouter Sky-Rock, sa radio préférée.

Il a plein de choses à raconter, la consultation pourrait durer des heures. Quentin s'intéresse à tout. Visiblement il adore le contact avec les adultes. Je lui propose une psychothérapie, en mode « bifocal », bien sûr. Un système astucieux, parfaitement adapté aux ados[2].

En accord avec sa famille, je l'adresse à un ami pédopsychiatre en ville, chaleureux et compréhensif.

De mon côté, je souhaite le suivre de près et lui demande de revenir un mois plus tard.

Je le retrouve amaigri. À l'école, les reproches pleuvent. Trop distrait, manque de concentration.

— Je m'énerve, je suis irritable. En plus, je suis toujours attiré par les fenêtres.

Son seul plaisir est toujours le même, la compétition automobile. Et son rêve, rencontrer un pilote de course. Toutefois, un changement s'est opéré en lui.

— Il faudrait que j'arrête de me réfugier derrière mon histoire de poignet, lâche-t-il pour la première fois.

Quel aveu ! Je tends l'oreille car ce petit bout d'homme poursuit sur sa lancée :

---

1. *Même pas grave !*, *ibid.*
2. D'une part une psychothérapeute qui ne s'occupe que de l'adolescent et d'autre part un médecin référent toujours disponible, qui reçoit l'ado et ses parents, qui assure l'ancrage dans la réalité, peut prescrire des médicaments et communiquer avec le thérapeute.

QUENTIN, ATTENTION FRAGILE !

— Je me sens plus en sécurité quand on me maintient le bras.

Message reçu. Cette main qu'il tend vers moi je ne vais pas la lâcher.

Un mois plus tard, il semble avoir moins de TOC mais son accident le taraude. D'autant que les autres ne ratent pas une occasion de le chambrer : « Pardon, j'ai encore failli te casser la main ! » Changer d'école, il ne serait pas contre. Je sens qu'il commence à prendre un peu de recul :

— Mon problème, je crois, vient aussi du fait que je suis trop couvé par ma mère. C'est pour ça que je ne supporte pas la proximité des autres.

En effet, il n'aime pas les espaces fermés. Il étouffe.

Le temps passe et Quentin change d'établissement. Il a été indemnisé, peut-être pas autant qu'il le souhaitait, mais il a repris le sport. Sa thérapie avance. J'ai quelquefois des contacts téléphoniques avec son psychothérapeute. Nos échanges nous aident à mieux comprendre et accompagner l'adolescent. Sans bien sûr me livrer le contenu des entretiens, le thérapeute peut m'alerter lorsqu'il sent Quentin débordé par le stress et incapable de s'exprimer. Dans ces moments-là, il m'incite à lui donner un traitement transitoire pour l'anxiété.

Alors que Quentin remonte la pente, nouvel incident. Il tombe en roller et se blesse à nouveau suffisamment pour ne plus pouvoir écrire. Son père est furieux. J'interviens :

— Je vois bien qu'il vous irrite et je vous comprends. Mais il perçoit votre agacement. Vous l'aiderez plus en contrôlant votre déception.

Bien entendu, pour Quentin cela ne va pas fort à nouveau. Il est déprimé. Passé en seconde de justesse. Son rêve de devenir pilote est tombé à l'eau à cause d'une vue défaillante. Je le sens découragé. Il faut dire qu'il y a de quoi. Il vient d'enchaîner, coup sur coup, une appendicite en urgence, des points de suture au visage à cause d'un ballon lancé « involontairement » bien sûr, et en prime, les oreillons.

Mais, cette fois-ci, le jeune garçon va se ressaisir et surmonter ce mauvais coup du sort. Il a quinze ans, il s'intéresse aux filles et se sent grandi :

— Quand je pense qu'il y a deux ans ma mère a arrêté de travailler pour s'occuper de moi !

Par bonheur, cette époque-là de cocooning est révolue et son père a changé lui aussi. Il a fait beaucoup d'efforts, pour accepter son fils tel qu'il est et être plus souple, tant vis-à-vis des médecins que de sa famille.

— Mes parents me lâchent un peu et physiquement je me sens mieux.

L'équilibre est encore précaire. En première, Quentin fait un malaise. Et pas qu'une fois. On l'hospitalise dans mon service. Le bilan est révélateur. L'électroencéphalogramme et l'électrocardiogramme ne montrent pas de pathologies neurologiques ni cardiaques. On évoque des crises d'angoisse, ce qu'on appelait autrefois de la spasmophilie. Plus question d'aller à l'école. Les enseignants bénévoles qui assurent l'école à l'hôpital lui proposent une solution. Rejoindre le groupe d'élèves, inscrits à des cours par correspondance, qu'ils encadrent dans une salle prêtée par la mairie. Une initiative habile pour reprendre pied dans la scolarité, sans risque, en évitant d'être confiné, seul chez soi.

Malgré ça, les crises se poursuivent, sans prévenir. Cela commence par des maux de tête, puis une respiration de plus en plus difficile, jusqu'à l'évanouissement.

L'équipe de bénévoles l'accompagne avec une sérénité incroyable. Les cours se succèdent tranquillement, rythmés par quelques passages aux urgences après chaque attaque de panique. Il sera ainsi soutenu bon gré mal gré, durant toute sa classe de première, puis de terminale. Il finira par décocher son bac, de justesse, après une ultime crise d'angoisse lors de la dernière épreuve de l'oral de rattrapage.

C'est ce qu'il est venu m'annoncer aujourd'hui.

QUENTIN, ATTENTION FRAGILE !

Sa maman a repris son emploi de biologiste. Quentin est inscrit dans une école de commerce à Toulouse, ni trop près, ni trop loin de chez lui. Juste la distance nécessaire pour éviter l'asphyxie et maintenir un lien rassurant.

Il est joyeux, apaisé et socialement bien intégré. Pour une fois, on ne se parle pas. Échanges de sourires... Je vois défiler, dans ses yeux bleus plissés de malice, toute son histoire. Une dernière poignée de main, chaleureuse et pleine de gratitude. Je le regarde remonter sa mèche blonde et bouclée, l'air un peu trop sûr de lui. Ou pas ! Mais, faire semblant d'être à l'aise, c'est un bon début... J'ai l'impression de me revoir à cet âge.

13. Boris et les rats

J'ouvre la lettre que Boris, quinze ans, en seconde, vient de déposer sur mon bureau :

— Tenez, j'ai écrit ça pendant le voyage, pour vous faire gagner du temps...

Une façon comme une autre d'occuper les deux heures de voiture en famille pour venir de Clermont-Ferrand.

Bonjour Monsieur Revol,
Ce trimestre j'ai 4,5 de moyenne générale. C'est normal, j'ai totalement baissé les bras. Il me faudrait du temps. Je suis pas mal rêveur donc, je perds le fil. D'après ceux qui m'aident à la maison, mes notes ne sont pas le reflet de mes capacités. Je m'entends avec tous les élèves, sauf ceux de ma classe. Merci de m'aider.

Son écriture est catastrophique, torturée, à peine lisible. Et pas seulement à cause du trajet en voiture.

— Si ce n'était que ça ! se lamente son père, comptable, en costume-cravate. Il est paresseux, il est usant.

Boris, un bonnet enfoncé jusqu'aux yeux, secoue la tête et soupire.

Le père lève les yeux au ciel :

— Le pire maintenant, c'est à la maison. L'autre jour, il a tagué la cave !

Alors, les menaces tombent. Coupe de cheveux militaire, internat, sanctions financières... les enchères montent face à ce fils « ingérable ». Rien à voir avec son petit frère qui, lui, a sauté une classe.

Pressé d'interrompre cette escalade, je raccompagne gentiment les parents vers la salle d'attente pour me consacrer à l'artiste en catogan.

Une fois seul, Boris se lâche un peu. Il sort un rat de sa poche et le pose sur mon bureau. Ma surprise amusée le fait rire :

— Vous, vous le prenez bien, mais mes parents... ils ne supportent pas. En plus, j'adore les reptiles et si je pouvais avoir un iguane, ce serait génial !

Provocateur, il l'a toujours été.

« Vif, facétieux, toujours en mouvement et impulsif », c'est ce que j'ai noté lors de sa première visite, à quatorze ans.

À cette époque, il est le bouc émissaire de sa classe. Se fait traiter de « hobbit »[1] sans offrir de résistance. Sa réponse, le mépris. Hautain, il affiche un air de supériorité et un manque de respect vis-à-vis des adultes. Du coup, il subit une double peine : pas de copains et des profs qui ne le soutiennent pas. À croire qu'il reproduit ce qu'il subit.

Ce petit patient possède toutes les compétences requises. Et pour cause, un QI confortable mais avec des points forts et des points faibles. Il a un an d'avance. Qu'il perd en raison d'une mononucléose infectieuse. Ce qui l'oblige à arrêter le sport.

Bilan : « Prend des coups parce qu'il les cherche. Souffre d'un sentiment d'injustice. N'est pas déprimé pour autant. »

Boris a besoin d'être rassuré. Et avant tout sur sa taille. Avec un mètre quarante, on lui donne douze ans. Petit contrôle grâce à l'« âge osseux »[2]. Les résultats sont encourageants. Sa croissance accuse un retard de deux ans sur son âge. Encore pré-

---

1. Le plus petit des personnages du *Seigneur des Anneaux*.
2. L'âge osseux, une radiographie du poignet gauche, permet de mesurer le développement du squelette et de comparer l'âge civil d'un enfant à l'âge moyen correspondant à sa taille.

pubère, c'est le signe qu'il grandira plus tard. Je plaide l'indul-
gence auprès de son chef d'établissement pour que Boris ne
redouble pas sa troisième. Il s'ennuierait. Et surtout, qu'il suive
une seconde générale. Je sais qu'il en est capable, encore faut-il
qu'il se mette au travail. Je vais lui mettre le marché en main.

Il me fait aussi la promesse de consulter une psychologue
une fois par semaine.

Un an après, le contrat n'a pas été tenu.

Que s'est-il passé ?

D'après sa mère, enseignante, son seul centre d'intérêt c'est
le roller. Il est plus que jamais désinvesti dans sa scolarité. Il
travaille peu et mal : « Il déteste apprendre. » Son écriture le
pénalise énormément et les profs y voient un manque de motivation. À la maison, il est intenable, de plus en plus opposant.

Et lui, qu'en pense-t-il ?

Avec ses yeux vifs et son air moqueur, il égrène :

— Une heure de cours c'est trop long. Les notes, je déteste.
Ce n'est pas le contenu des cours que je n'aime pas, c'est la
façon d'apprendre. Dans la famille on me prend pour un men-
teur. Mes parents sont intolérants.

Puis il décrit sa passion pour les parcs d'attraction, la peinture
et les animaux.

Son rêve : un monde imaginaire, sans violence.

Finalement, il est d'accord pour l'internat. J'approuve. Cela
évitera le conflit ouvert avec son père. Vu ses notes, il ne peut
que redoubler. Je recommande des séances de rééducation de
l'écriture avec une graphothérapeute.

Une année passe, apparemment calme. Jusqu'au coup de fil
des parents. Le week-end dernier, Boris est devenu violent avec
eux.

Sa mère attaque d'emblée :

— Voilà, l'autre jour il a levé la main sur moi, il fait des
doigts d'honneur à son père. Son comportement est intolérable,
il est odieux, il nous méprise.

BORIS ET LES RATS

Boris a été exclu du lycée pour indiscipline. Après avoir joué le petit « mac », sa petite amie l'a quitté en lui disant « Tu me fais peur ». Ses crises à la maison sont d'une violence incroyable. Mme V. me confie les larmes aux yeux :

— Je crois que chez lui, c'est psychiatrique !

D'après elle, ce serait donc plus grave qu'une simple crise d'adolescence, et donc impossible à gérer pour des parents.

Et pourtant. Devant moi, il a toujours son air chaleureux, ses yeux farceurs. Aujourd'hui, il est déguisé en skateur, bandeau et baggy très large. Un rat dans chaque poche. Rien à dire pour sa défense. Si ce n'est que ses parents le prennent pour un délinquant et qu'ils se trompent.

Je propose « un séjour de rupture ». Cinq jours dans mon service, histoire de laisser souffler la famille et d'observer Boris.

Le bilan de l'équipe confirme que ce jeune garçon est épuisant, provocateur mais pas agressif. Les réponses aux tests de personnalité sont très riches et structurées. L'anxiété est omniprésente. À l'évidence il est mal dans sa peau, souffle le chaud et le froid, avec une confiance en lui en dessous du zéro. Mais il n'est ni psychotique, ni dépressif. C'est rassurant.

Au bout d'une semaine, la restitution de Boris à ses parents est tendue. Malgré les bonnes nouvelles concernant l'état psychologique de leur fils, ils ne sont manifestement pas encore prêts pour les retrouvailles. De son côté, Boris m'a confié qu'il ne serait pas opposé à revenir en deuxième semaine. Je tente de rassurer les uns et les autres et j'invite au dialogue.

Boris nous quitte, cool dans ses baskets, d'un petit signe de la main. L'air de dire « J'ai compris ». Avec en poche un contrat, signé par lui et ses parents. Chacun son exemplaire.

Ceux-ci s'engagent à le laisser tranquille dans sa chambre, à ne pas se mêler de ses animaux ni de ses cheveux et de son look (sauf le piercing, non autorisé).

Boris lui, s'engage à respecter ses parents, à se rendre à tous les cours et à suivre une psychothérapie. Avec une psychologue de sa région, que je lui conseille et qui devrait lui convenir.

En partant, les parents me demandent si je peux voir le petit frère :

— Il est inquiet de voir son aîné aussi dur avec nous.

Dimitri, dix ans, est bien différent. Petit garçon modèle, conforme à ce que ses parents attendent. Comme souvent lorsqu'un ado va mal, le reste de la fratrie « ne bouge pas une oreille », ne s'autorise rien. Pour ne pas en rajouter jusqu'à la sortie de crise de l'aîné qui permettra enfin aux autres de se rappeler au bon souvenir des parents. Anticiper et recevoir celui qui va presque trop bien me paraît plutôt une bonne idée.

J'explique que son frère n'est ni méchant ni dangereux, qu'il est simplement ado. Que cela va passer et que, lui aussi, a peut-être des choses à dire. Dimitri se met à pleurer et exprime ainsi son inquiétude pour son frère, ses parents et leur violence mutuelle. Surtout, il se reproche de ne rien pouvoir faire : « J'ai peur qu'il arrive un drame… » Je lui promets de le recevoir à nouveau s'il le souhaite.

Je vais continuer ainsi à suivre Boris. Un garçon brillant mais atypique, dont les parents, qui ne sont absolument pas équipés pour gérer ce genre de profil, peinent à endiguer les débordements.

Finalement, Boris fait une terminale technique. Puis un BTS et se lance dans l'immobilier. Erreur. Dès son premier stage, il se fait repérer. Jamais à l'heure, une tenue négligée, il est renvoyé après plusieurs rendez-vous manqués. Je le vois à ce moment-là. Les cheveux longs attachés en queue de cheval :

— Voyez, même comme ça, mes parents ne me supportent pas !

— Et l'immobilier ?

— J'arrête tout. Je me suis trompé.

— Et qu'est-ce que tu vas faire ?

— Les Beaux-arts !

Son père en tombe à la renverse :

— Il va se planter encore une fois ! Vous verriez mon sous-sol, ce n'est pas de la peinture, des horreurs oui ! C'est l'enfer, ajoute-t-il. La musique toute la nuit. Boris a frappé sa mère, il est devenu incontrôlable !

La mère s'effondre, elle pleure :

— Je vous l'avais dit qu'il n'était pas normal !

Quand je vois Boris, cette fois-ci, tatoué et « piercé » tous azimuts, je lui passe d'abord un savon :

— Comment peux-tu frapper tes parents ?

Tombe une avalanche de reproches :

— Ils pourraient au moins s'intéresser à ce que je fais. Ma peinture, ma musique, ils détestent. Mes reptiles, mes grenouilles, ils méprisent. Et quand mon père me traite de raté, ce n'est pas violent ça ?

— Je comprends mieux ce qui te met en colère. Peut-être as-tu envie de les faire payer pour tout ça ?

Silence. Boris secoue la tête et soupire. Il s'apprête à répondre et se reprend. Visiblement ma remarque l'a touché. Le ton change :

— C'est vrai, je ne me rends pas toujours compte à quel point je leur fais du mal.

Je discute avec lui d'un nouveau contrat. Plus serré que le précédent. Il doit maintenir le contact avec ses parents, passer ses examens en décembre, renouer avec son thérapeute. De nouveau, de leur côté, les parents doivent tolérer les animaux, cesser la pression sur le look, suivre une thérapie familiale.

Avant que Boris ne s'en aille, je lui rappelle que je lui fais confiance, qu'il est capable de faire les efforts demandés.

— Oui, mais parce que, vous, vous croyez en moi.

Je ne me suis jamais autant senti investi dans mon rôle de « passeur ». Je dois l'aider, avec mon équipe, à franchir ce cap difficile de l'adolescence. À démêler les fils d'un malentendu noué entre eux.

D'un côté, un ado pénible, qui affiche des certitudes pour mieux masquer son manque de confiance. Un ado qui voudrait juste un peu plus de liberté. Porter son bonnet, ses cheveux longs et ses baggys, sans qu'on lui fasse de réflexion. De l'autre, des parents aimants, inquiets, mais frileux face aux changements. Du coup, il les provoque. Pis, il en rajoute. Exemple, avec ses rats. Chacun des deux camps se met à l'épreuve. À moi de les connecter pour que le courant passe. Alors, je leur rappelle que contrairement à leurs craintes leur fils n'est ni psychotique, ni « dysthymique[1] ». En revanche, il a été maltraité sur le plan scolaire du fait de sa dysgraphie. Il en souffre car ses capacités sont excellentes, largement au-dessus de la moyenne. J'essaye de leur faire prendre de la distance. Leur montrer la sortie d'une sorte de labyrinthe dans lequel ils se sentent piégés. Plus facile pour moi que pour eux, car j'ai le recul nécessaire.

Quant à Boris, il continue de me rencontrer deux fois par an pour être entendu. Pour se voir confirmer qu'il n'est pas « malade mental », que ses chances sont intactes et qu'un jour il pourra choisir son mode de vie. Ce dont je suis convaincu.

Je l'ai revu au mois de juin, de retour de Lausanne où il a été reçu à l'école des Beaux-Arts. L'embellie. Boris est adorable, il a même peint un tableau pour la fête des mères. Tous sont ravis, même si le père reste sur ses gardes :

— Vous n'allez pas nous laisser tomber quand même !

Cet hiver, c'est une maman bloquée par la neige qui m'appelle pour annuler le rendez-vous :

— D'ailleurs, on se demandait si ça valait la peine. Car depuis qu'il est en Suisse, ça va beaucoup mieux.

Aux dernières nouvelles, il paraît que les rats seraient retournés à l'état sauvage...

---

1. Avoir des oscillations d'humeur, passer de l'euphorie à la tristesse.

14. Arthur : à la recherche de son QI perdu

Pas très fier d'entrer à nouveau dans mon bureau, Arthur, seize ans, me serre la main sans me regarder. Se retrouver ici est pour lui le signe d'un échec.

Son père qui le conduit vers moi comme un condamné à sa peine semble triompher :

— Je vous l'avais dit qu'il ne tiendrait pas !

Arthur hausse les épaules, continue de mâcher son chewing-gum, comme si son père n'existait pas. Preuve qu'entre eux, la tension est loin d'être retombée.

— Avec moi le courant ne passe pas, lance le père découragé.

— Tu m'as dit que j'étais un échec ! répliqua sèchement le fils.

Pour calmer le jeu, je rappelle à Arthur son contrat vis-à-vis de moi. Il s'était engagé à se tenir tranquille au lycée. Pas de mots, pas d'heures de colle, rien. Une conduite irréprochable, sinon, retour dans mon service pour quelques jours. J'appelle cela un « séjour de rupture ». Une prescription « spéciale ados » pour retrouver ses repères.

Arthur se sent piégé.

« Tu m'as trahi. » C'est le message laissé à sa mère avant de partir. Elle a repris ce rendez-vous sans le prévenir. Et pour tenter de m'amadouer, il dit qu'il regrette mais qu'il n'arrive pas à se contrôler.

S'il en est un qui ne fléchira pas, c'est son père :

— Tu parles ! Tu le fais exprès, oui ! Tu es comme ça, on n'y arrivera jamais avec toi !

Et il me lit la lettre du proviseur : « ... N'ayant pas supporté la remarque du professeur, votre fils s'est levé et a quitté le cours... Votre fils a écrit des grossièretés au tableau... Votre fils s'est barricadé dans une salle... »

Je me tourne vers Arthur.

— Des dérapages. Dans ces moments-là, explique-t-il, je ne sais pas m'arrêter et je ne me rends pas compte des conséquences.

Il y a deux ans, je l'avais gardé dans mon service, le temps de faire le diagnostic de ce garçon qui cumulait les problèmes. Infernal à la maison, il avait aussi été renvoyé du lycée. Pire, un médecin scolaire voulait l'envoyer dans une clinique-école pour malades mentaux. D'après lui, Arthur était dépressif au point de frôler l'anorexie et de montrer des signes de schizophrénie. À l'époque j'avais dit non. J'avais conclu à une inadéquation totale avec son environnement. Un excès de vulnérabilité et une carence affective. Son père montrait trop sa déception d'avoir un enfant difficile. Il n'était pas prêt non plus à affronter ce problème.

Mais Arthur réservait des surprises.

Pendant son séjour parmi nous, sa conduite avait été exemplaire. « Un ange », avait dit de lui l'ensemble de mon service. Quant aux différents tests et contrôles dont il avait été l'objet, ils avaient révélé un haut potentiel intellectuel (HPI). Un QI supérieur à 150 ! Et comme souvent dans ces cas-là, tous les résultats convergeaient pour lui attribuer un profil complexe. Il souffrait aussi d'une dyslexie associée à un manque de concentration. Il était donc urgent qu'il suive des séances d'orthophonie. Il lui fallait aussi prendre un traitement pour l'aider à être plus attentif pendant les cours, relever ses notes, et surtout corriger son image de frondeur et de mauvais élève. Et apaiser ainsi les relations à la maison et au lycée.

J'avais également mis en place un projet d'accueil individuel, un PAI, avec son établissement. Les cours avec les professeurs qu'il agaçait étaient remplacés par des temps d'étude.

Mais un an après, échec sur toute la ligne. Arthur oubliait régulièrement son médicament et avait arrêté l'orthophonie. Pourquoi ?

— Parce que tout est comme ça chez lui, répond son père excédé. Pas de parole, pas de suivi, tout à l'avenant !

Arthur se contente de lever les yeux au ciel.

Néanmoins, malgré son comportement discutable et ses notes très moyennes, le lycée lui avait accordé une seconde chance. Il avait été accepté en terminale. Or, un mois après la rentrée, le proviseur le mettait à la porte pour mauvaise conduite. Il se retrouvait donc à la case départ. De retour dans mon service.

Un échec que le père ressent lui aussi cruellement et qui le laisse complètement démuni :

— Je le prive d'ordinateur, de foot. Inutile ! En classe, il ne veut rien faire et à la maison il fait des crises et menace de se suicider !

Accablé, cet homme baisse les bras. L'hôpital est le dernier recours pour ce fils qu'il ne comprend plus. Il se lève pour partir, seul. Arthur a compris. Il tend son portable et ses cigarettes. Il connaît le règlement. Je rappelle qu'il s'agit d'un séjour de « quatre jours, seulement... ». Finalement, ils ont du mal à se quitter.

Seul face à moi, Arthur me regarde enfin.

— Je le sens pas du tout mon retour ici, me confie-t-il, les larmes aux yeux.

— Ne le vis pas comme une sanction, ce n'est pas le but. Ce que je veux, c'est que tu termines ton année.

Il se détend.

— Là-dessus je suis d'accord. Moi aussi je veux en finir avec le lycée et je veux avoir mon bac.

— Alors, pourquoi ces dérapages ?

— C'est juste des embrouilles, des délires entre copains ! Je n'aurais pas dû me faire prendre, c'est tout !

— Tu regrettes après ?

— À fond !

Ses yeux pétillent. Enfin il sourit. Il m'explique que l'important pour lui est de ne pas se retrouver comme ses copains chez le fabricant de brioches. Dans son village ils finissent tous là-bas, à empiler des sachets. Lui, ce qu'il voudrait c'est travailler au grand air, pour l'Office National des Forêts par exemple. Un rêve !

— Cela ne s'est pas amélioré avec ton père ?

— Non, surtout depuis qu'il n'a plus de boulot. Je le coince avec ça, quand il me dit que plus tard je serai clochard !

Et rien que d'y penser cela le fait rire... Pouvoir traiter son père de « sale con de chômeur ! ».

— Pourquoi est-ce que vous vous cherchez tous les deux ?

— Je ne sais pas, mais pour moi, c'est secondaire. Je dois avant tout m'occuper de mon avenir.

J'en profite pour lui suggérer d'être, si possible, son propre patron. Cela conviendrait mieux à son tempérament que je sens bien trempé.

Un caractère « réactif à son environnement » qu'il avait montré très tôt, d'après sa mère que j'avais vue avec lui lors de la première consultation. Tout petit, il piquait des crises s'il n'avait pas son biberon tout de suite. Il avait parlé très tôt et s'était tout de suite installé dans la provocation. En moyenne section, il bravait l'autorité et se montrait attentionné seulement avec les personnes bienveillantes.

Face à moi, et mis en confiance, Arthur me parle de ce qu'il aime. Le football, par-dessus tout. L'occasion pour lui de s'éclater comme il le souhaite. De sa petite copine et de sa mauvaise humeur lors des soirées entre copains. De son prof de maths, « le seul à être vraiment réglo », car les autres, « on dirait qu'ils n'ont pas la vie qui leur plaît ».

Un ado plutôt bien dans sa peau, mais qui a besoin d'être recadré.

Le garder ici quelques jours est la stratégie qui me paraît la plus adaptée. Régulièrement il pourra dialoguer avec des professionnels et ainsi vider son sac. Canaliser son agressivité et s'apercevoir qu'il peut y avoir de la bienveillance autour de lui. Son estime de lui-même en sera renforcée. Ce garçon a besoin de croire en lui. Son séjour « forcé » va lui permettre de se prouver qu'il peut se contrôler. Qu'il peut le faire : « *Yes, I can !* »

Quatre jours plus tard.

Bilan : Arthur a été a-d-o-r-a-b-l-e. Comme la dernière fois, l'ensemble du service a été séduit par sa gentillesse et sa volonté de bien faire. Jusqu'à montrer beaucoup de patience à l'égard des autres enfants hospitalisés. En particulier ceux qui souffrent d'être loin de leurs parents. Il raconte qu'il s'est ennuyé, bien sûr. Pour passer le temps il faisait des abdominaux sur son lit, et durant la journée consacrée à l'école, il s'est montré plutôt bon élève.

— Pourtant tu avais beaucoup de contraintes ici, davantage même qu'au lycée ?

— Oui, mais ce n'est pas pareil, ici on me parle avec le sourire !

Face à moi, il s'engage à reprendre son traitement et une séance d'orthophonie par semaine. Faire des efforts pour ne pas agresser son père et ne pas prendre la maison pour un hôtel. Éviter de répondre au tac au tac :

— Tu parles d'un hôtel, il n'y a même pas de service d'étage !

Je poursuis la prescription. Le foot, tant qu'il veut mais qu'il s'y tienne. L'ordinateur, pas plus de trois heures d'affilée et seulement le week-end. Les sorties avec la copine, jusqu'à 22 heures, pas au-delà.

Arthur ne bronche pas. Pressé de sortir et de s'en fumer une. Je vais le laisser partir. Je sais que c'est risqué mais je ne suis pas inquiet. Ce garçon avec son regard franc m'inspire confiance. Il est sincère et sa vivacité d'esprit agit sur lui comme une protection. Et puis son poste de goal lui convient parfaitement. Un statut différent des autres, qui lui permet en outre de voir l'ensemble du terrain et donc de tout contrôler. Je sens une certaine force en lui. Sera-t-il « incassable », lui aussi comme certains de mes jeunes patients qui s'en sortent toujours[1], à condition de leur faire confiance et de leur montrer le chemin. Chaque fois que nécessaire...

Pas si simple ! Malgré de la bonne volonté à revendre, malgré le contrat passé entre nous, un mois plus tard c'est l'exclusion définitive. Une ânerie de plus. Après avoir grimpé sur le toit de l'internat, Arthur envoie plusieurs kilos de radis dans la cour. Résultat : un deuxième carton jaune. Sans appel. Mais il serait dommage de partir comme ça. Manque le bouquet final ! Un discours improvisé, le soir à 20 heures, adressé à tous les internes. Au centre de la cour, juché sur la cage de hand-ball, Arthur harangue ses copains, massés aux fenêtres. Il raconte son année, remercie ses amis dans un show, aux accents à la fois gaulliens et obamesques :
— J'ai voulu vous offrir du rêve. J'espère y être arrivé. Continuez sans moi...
Et les élèves de scander :
— Padou... Padou !
Son surnom de toujours. Hérité de son premier doudou, un lutin malicieux qu'il conserve comme une relique. Dans la foulée, les images sont envoyées sur YouTube sous le titre : « *Padou for ever* »...
J'ai eu de ses nouvelles récentes sur Facebook. Incroyable ! Alors que je m'adressais à mes amis anglophones pour un avis sur le titre de l'une de mes conférences en anglais, Arthur a été le premier à répondre ! Lui, le mal noté, le rebelle à tout enseignement me faisait, une minute après, une proposition pertinente. Avec en prime, des commentaires sur sa nouvelle vie :
« Je vends des voitures. Je suis autonome et je vis avec ma copine. Mon père ne me le dit pas, mais je sens qu'il est fier de moi. »

---

1. Voir chapitre « Léa, incassable ».

15. L'adolescent à haut potentiel

Quand arrive l'adolescence, tout se complique pour l'enfant à haut potentiel intellectuel (HPI)[1]. Difficile dans son cas de trouver un groupe « refuge » comme le font les autres, au moment où les parents ne sont plus la référence et qu'il faut au contraire s'en démarquer. L'ado précoce, lui, se retrouve seul, bien incapable de se fondre dans un clan. Car il est tout le contraire, individualiste, créatif, et il a horreur de calquer son comportement sur celui des autres. Et puis, inutile de lui parler marques et tenues du moment, cela lui est bien égal. Il s'habille comme ça vient, l'apparence ne compte pas. Conséquence, il n'a pas recours, comme les autres, à ces stratégies d'« apaisement », comme les heures passées devant la glace, les tenues pas possibles, les copains et rien d'autre… toute cette panoplie dans laquelle puise l'ado standard pour surmonter la petite révolution qui s'opère en lui. Déjà sensible à l'extrême, l'ado précoce risque donc de traverser les turbulences de l'adolescence en solitaire et sans filet de secours. Il ne s'en plaindra pas, mais risque d'en souffrir secrètement.

---

1. HPI : un consensus s'est actuellement établi en Europe pour préférer ce terme à celui d'enfant surdoué ou d'enfant précoce dont le QI est supérieur à 130.

Ado plus tôt

Plus tôt que les autres, l'enfant précoce montre un intérêt accru pour le monde qui l'entoure. Sa compréhension aiguë l'entraîne prématurément vers des questionnements qui ne sont pas de son âge. Pas plus haut que trois pommes, il a déjà conscience de la mort et des conséquences de la maladie. Puis très vite il déclare vouloir devenir astronome ou archéologue, histoire sans doute d'explorer les limites de l'espace et du temps. Déjà l'envie de tout savoir. Sans jamais se lasser, il argumente pour avoir le dernier mot face aux adultes qu'il abreuve de « pourquoi » et de « comment » jusqu'à plus soif. Son problème majeur, l'autorité. Raide pour lui de se soumettre aux règles de ses aînés. Et pour cause, ce rebelle n'a de cesse de les remettre en question. Toujours à l'affût d'une occasion d'en découdre avec les parents. Car ce qu'il veut, c'est garder la maîtrise, tout contrôler.

Il dit non tout le temps, fait la tête, a réponse à tout et pointe les insuffisances des parents. Pas de raison de s'inquiéter s'il a quinze ans. C'est de son âge. En revanche, si ce comportement est repéré chez un petit gosse pré-pubère, il faut s'interroger et la piste à suivre est celle du QI. Si celui-ci est supérieur à 130, c'est rassurant. L'enfant est dit HPI, sa conduite est donc conforme à cette particularité. Il faut alors agir avec lui comme avec un grand, faire preuve de fermeté bienveillante, prendre quelque distance. En somme, il faut l'aborder comme un ado, même s'il n'a que neuf ou dix ans.

Pourtant, cette aisance intellectuelle, qui fascine tant les parents, peut lui jouer un mauvais tour. En particulier à l'école, où il avait pourtant hâte d'accéder. Mais où il est souvent déçu. Très vite familier de la syntaxe, son rythme n'est plus celui de la classe. Il s'ennuie, se met la maîtresse à dos et se fait traiter d'« élément perturbateur ». S'il s'agit d'une fille, elle aura plutôt tendance dans ce cas à s'isoler, voire peut-être prendre le chemin de la déprime, en secret. Dans tous les cas, c'est à l'adolescence que ce contentieux avec l'école risque d'exploser.

Savoir sans apprendre

Car se soumettre aux règles de l'apprentissage, cela revient pour lui à accepter la méconnaissance. Sûr de lui et provocateur, ce « Je sais tout » n'aime pas être pris en défaut. Ne pas savoir est pour lui un échec. L'ignorance, une brèche dans sa forteresse de précoce. Une faiblesse dévoilée, qui le fait souffrir. Installé dans la facilité, cet enfant à haut potentiel ne connaît pas l'effort et n'acquiert aucune méthodologie de travail. Un peu comme un athlète surdoué qui estime ne pas avoir besoin de s'entraîner, il arrive à l'adolescence à bout de souffle. Plus pénalisé que les autres dans cette étape où chacun est peu enclin à se mettre à bûcher. Comment accepter d'être largué alors que c'était si facile en primaire ? Et d'ailleurs comment fait-on pour faire des efforts ? Pourtant, en fin de collège surtout, il va bien falloir qu'il s'arrache un peu. Une notion nouvelle et désagréable qui risque de le contraindre à contourner l'obstacle scolaire et social.

Années collège, années de solitude

Au moment où l'ado standard regarde ses parents avec un œil critique, il a une solution de repli, le groupe. L'ado HPI, lui, n'a pas cette possibilité. La mode ne l'intéresse pas. D'ailleurs, en général, il s'attache au fond, sans prêter attention à la forme. Pour lui, « Secret Story » et « La Ferme Célébrités », c'est navrant. Il se retrouve donc dans un no man's land, obligé de lâcher ses parents sans pouvoir trouver refuge auprès d'un groupe de copains. Alors il lui faut trouver autre chose. Une minorité d'entre eux, surtout les filles, surinvestissent les études. Dans le meilleur des cas en compagnie d'une camarade au profil identique. Quant aux garçons, ils cherchent et trouvent dans les jeux vidéo, plutôt cérébraux et non violents (Dofus), l'apaisement nécessaire pour ne pas s'isoler ni sombrer dans la dépression.

La stimulation, recette des précoces joyeux

Afin d'éviter qu'il ne s'ennuie, il faut l'aider à développer des compétences, pas forcément de son âge. C'est le cas de Samir, treize ans, sauvé par la musique.

Les parents de Samir ont accepté qu'il arrête l'école où il s'ennuie. Alors Samir s'organise. Chaque matin quand la famille quitte la maison, lui, se met au piano. Son emploi du temps fixé au mur de sa chambre, gammes, exercices, déchiffrage. Livré à lui-même Samir s'impose travail et discipline : « Non, ce n'est pas trop dur, ce n'est que du plaisir. Le piano, c'est ma passion. » Devenu l'une des plus jeunes recrues du Conservatoire de Paris, Samir est en train de réaliser son rêve, être concertiste. Inscrit au CNED, il poursuit ses études avec deux ans d'avance. Il aime aussi le foot et le Tour de France, ce qui lui permet de rencontrer d'autres ados.

Surtout donc être à l'écoute de son enfant, ne pas le lâcher et s'adapter à son profil de précoce. Ne pas hésiter à reformater les principes éducatifs et tout entreprendre pour qu'il ne soit pas écœuré. À l'école de proximité d'abord, car tous ne peuvent pas s'en écarter comme Samir. Si la souffrance est trop grande, on peut l'inscrire dans un environnement adapté, avec des enfants comme lui. De préférence, dans les collèges classiques qui parfois proposent des formules originales. Exemple, réduire à trois ans le premier cycle (sixième-troisième), avec des temps où l'ensemble des élèves se rencontrent (cantine, étude, loisirs...). Car c'est au collège que le saut de classe préconisé en primaire commence à poser problème. Pour cause d'immaturité et petite taille, la cinquième est souvent, pour le précoce, une catastrophe. Ne pas se laisser dépasser et être patient. Ce qui compte, c'est l'arrivée au lycée, où il ne sera plus « victimisé » et décrochera son bac avant les autres. Mieux dans sa peau.

Comme Ulysse, huit ans, en sixième :

> Entre ses sourcils, « l'Oméga mélancolique », formé par les rides du front, symptôme décrit dans la psychiatrie adulte comme un trouble de l'humeur. Pas de copains. Pire, le jour de son anniversaire, aucun camarade ne se rend à son invitation. Mais ce qui le préoccupe encore davantage, « c'est le pétrole, il n'y en aura pas assez, je l'ai lu dans *Sciences et Vie* ». Pourtant protégé par un internat approprié, les brimades commencent en cinquième. Mais elles s'arrêtent le jour où Ulysse a su trouver la parade. Pour éviter les incivilités subies à la récré, il avait été autorisé à répéter ses leçons de clavecin pendant les inter-cours. À l'abri dans un bureau, il met la main par hasard sur le système de réglage de la sonnerie. La modifie et se taille ainsi une réputation de caïd, capable de rallonger la récré. Respect ! Par la suite, il réussira son bac avec mention TB pour entrer en classe préparatoire.

Génération désenchantée

Chez l'enfant à haut potentiel, l'adolescence vient réactiver, mais de façon caricaturale, toutes les faiblesses d'une enfance souvent déjà difficile. Alors leur extrême sensibilité leur fait courir le risque d'un « pétage de plombs ». Qui se produit parfois dans les classes prépa où, à force de nier l'affectif au profit de l'intellect, certains élèves craquent. Tout l'émotionnel refoulé explose. Avec la menace d'un effondrement dépressif. C'est le cas des ados qui présentent un trouble « bi-polaire », une affection pas si rare, qui se traduit par la succession de moments d'excitation et de moments de déprime. Un médicament parvient à régulariser cette humeur chaotique. Il permet aussi à l'ado de reprendre le contrôle de sa maladie. Par bonheur, celui-ci a une grande capacité à s'auto-analyser[1]. Il va ainsi pouvoir suivre scrupuleusement les indications médicales et les conseils pour s'en sortir.

Moins grave et plus fréquent, le risque de désenchantement qui menace l'adolescent HP. Devenir un « aquabonniste », un ado qui s'interroge en permanence sur l'intérêt d'agir : « À quoi bon grandir puisqu'on va mourir ? », « À quoi bon travailler puisqu'on va être au chômage ? ». Et qui peut finir par se demander : « À quoi ça sert de vivre ? »

Ou encore comme la petite héroïne de Muriel Barbery : « Je m'appelle Paloma, j'ai douze ans, j'habite au 7 rue de Grenelle dans un appartement de riches. Depuis très longtemps, je sais que la destination finale, c'est le bocal à poisson, la vacuité et l'ineptie de l'existence adulte. Comment je le sais ? Il se trouve que je suis très intelligente[2]… »

Troubles de l'adaptation

Les ados précoces sont tous écœurés par la violence de notre société. Tellement pacifiques, ils se sentent menacés et même visés personnellement. Leur décalage et leur refus des règles entraînent parfois une confusion dans l'interprétation de ces symptômes par leur entourage. Un précoce peut même être assimilé à un autiste de haut niveau, ce que l'on appelle le syndrome d'Asperger[3]. Erreur ! Une exploration approfondie[4]

---

1. La méta-cognition.

2. *L'Élégance du hérisson*, Gallimard, 2006.

3. Isolé dans son monde, un autiste Asperger ne communique pas comme les autres, en revanche il possède toutes ses facultés intellectuelles, parfois beaucoup plus élevées que la moyenne.

4. « Théorie de l'Esprit » de Uta Frith, *L'Énigme de l'autisme*, Odile Jacob, 2006.

L'ADOLESCENT À HAUT POTENTIEL

montre effectivement que, si les deux sont inadaptés socialement, s'ils n'arrivent pas à s'intégrer, l'autiste c'est par *incapacité*. Et qu'en revanche, le précoce, c'est par *volonté*. Rien à
voir. Le premier manque singulièrement d'empathie, alors que
l'autre est submergé par l'émotion que son entourage lui inspire.

« Je vois des choses que les autres ne voient pas[1] »

Particulièrement sensible, il sait, derrière un sourire, capter
la malveillance. Clairvoyant et authentique, il avance dans la
vie sans protection et s'expose à la cruauté ambiante. Rien
n'épargne sa vulnérabilité, même la violence verbale le touche
profondément. Quand l'ado standard n'a quasiment pas
conscience d'un conflit parental, l'ado HPI, lui, l'anticipe et en
souffre doublement. Car malgré les efforts du couple pour donner le change, il va se reprocher de ne pas avoir pu lui éviter
cette crise : « Puisque j'ai reçu un don, un avantage intellectuel
tombé du ciel, j'ai obligation morale de m'en servir. » L'ado
précoce culpabilise et s'impose une responsabilité. Ayant
compris avant tout le monde ce qui dysfonctionne autour de
lui, il se doit de le réparer. Voilà son raisonnement inconscient.
D'où aussi la nécessité absolue de prendre le pouvoir lorsqu'il
sent venir un danger.

Seul maître à bord

À bord d'un voilier, par temps calme, tout va bien. Par gros
temps, le bateau se met à gîter, les plaisanciers ont conscience
du danger. Parmi eux, le précoce n'a qu'une obsession, reprendre la barre et ramener l'équipage à bon port. Au sein de la
famille, c'est ce rôle de « capitaine » qu'il s'impose, surtout

---

1. *Le Sixième Sens*, un film de Night Shyamalan, 1999.

s'il sent que l'autorité flanche. C'est pourquoi il est si difficile à gérer à la maison. Il veut décider de tout, toujours avoir raison. Résultat, l'opposition avec les parents atteint des sommets, dans une spirale déprimante. Plus l'autorité parentale est mise à mal, plus l'ado HPI s'inquiète et plus il veut agir.

Quand je reçois ces ados dans mon service, un peu comme si les parents me les laissaient « en dépôt-vente » quelques jours, histoire de faire baisser la pression qui règne à la maison, ils font une pause. En effet, à l'hôpital, tout est prévisible. Des horaires, des contraintes, un organigramme en blouses blanches. En somme, la barre est tenue. Ces patients, pas comme les autres, peuvent donc se permettre de lâcher prise. Récupérer, l'esprit tranquille. Rien ne peut leur arriver, même s'ils ferment un œil.

Adultes plus tôt

Grâce à leur haut potentiel, ces ados parviennent à mettre le doigt sur leurs difficultés. À condition de les aider et de les diriger dans la bonne direction. Car ils ne seront d'accord que si le diagnostic est juste. L'objectif prioritaire est de les repérer le plus tôt possible, d'être vigilant et de les accompagner. Notamment, les protéger dans un établissement, spécialisé ou non, mais approprié ; imposer des règles strictes à la maison et valoriser des centres d'intérêt comme la musique, les arts plastiques ou le sport. Ce qu'ils ont tendance à négliger car ils ne les trouvent pas assez intellectuels. Rappelons que les ados précoces ont plus de mal dans leurs rapports sociaux que les autres. Et qu'ils ont surtout besoin d'être compris. Ainsi, ils seront sortis d'affaire avant les autres. Car s'ils sont ados prématurément, ils deviennent aussi adultes plus tôt. Et en même temps plus heureux, car enfin acteurs de leur vie.

III
« Signaux de détresse… »
Les blessures de l'adolescence

16. « Je vous en veux… »

Ma conférence sur l'échec scolaire est terminée depuis plus d'une heure. Je me prête avec plaisir à la séance de signatures. Un moment rare, à la rencontre de gens souriants, qui me tendent avec émotion le livre à dédicacer pour leur fille ou leur petit-fils. Sourires et poignées de mains s'enchaînent gaiement…

Une dernière femme s'avance lentement. Elle était là dès le début. Visiblement, elle a attendu élégamment que tous s'éclipsent. D'emblée, je sens que quelque chose ne va pas. Elle n'a pas d'ouvrage à la main, et son visage est sombre, barré par une infinie tristesse…

— Je vous en veux…

Touché, je l'invite à se rapprocher.

— Vous ne vous souvenez certainement pas de moi… vous en voyez tant. C'était en 1995…

Sa voix un peu traînante et son accent stéphanois me sont vaguement familiers.

— Je vous avais amené mon fils de douze ans. Je comptais tellement sur vous. Il était si difficile, à l'école et à la maison… Et vous avez refusé de lui donner un traitement… Un problème éducatif vous avez dit… Vous m'avez juste conseillé de faire appel à une assistante sociale. Pour m'aider… Et quand elle vous a appelé, je ne sais pas ce que vous lui avez dit, mais « ils » me l'ont retiré…

Sa voix chavire quand elle me raconte la suite. Un foyer pour

enfants difficiles, son fils qui ne veut plus la revoir, puis l'engre-
nage de la rupture : la première fugue, les premiers vols...

— Il est incarcéré depuis deux ans, il est tombé dans la
drogue, et vous, vous n'avez rien vu venir...

Dans ces moments, je n'ai plus qu'une hâte : me précipiter
dans mon service, ressortir le dossier et comprendre... À quel
moment, l'erreur ? Qu'est-ce que j'ai oublié de vérifier ? Et
surtout, qu'aurais-je dû faire ?

Je n'ose pas l'interroger. En fait, je ne sais pas quoi dire.
Toute la gratitude des parents précédents n'est plus rien à côté
de la détresse de cette maman.

Bêtement, je lui propose de passer me voir le lendemain
matin dans mon service. Si je peux encore l'aider...

Sans agressivité, elle décline l'invitation. Elle me paraît las-
sée de tout, usée...

— J'attendais tellement de vous ! Nous les parents, on fait
ce qu'on peut. Et quand on ne se sent pas compris, c'est hor-
rible...

Doucement, je lui demande le nom de son fils :

— Ça n'a plus vraiment d'importance...

Elle s'éloigne d'un pas plus rapide, visiblement soulagée
d'avoir enfin évacué une partie de sa rancœur.

Ce moment est très douloureux pour moi, bien sûr, mais
aussi terriblement instructif. C'est tellement plus facile de soi-
gner des adolescents coopérants et réceptifs. C'est tellement
plus simple d'aider des parents « supporters » et conciliants.
Pas sûr que ce soient eux qui nous fassent le plus progresser.

Sonné, je rêve éveillé, fixant sans la voir la salle vide. Avec
cette sensation désagréable de lendemain de fête... Je n'entends
même pas l'organisateur de la soirée s'approcher.

— Elle voulait quoi ? me demande-t-il, intrigué.

— Juste me dire que parfois l'échec scolaire ça peut être
grave...

Et qu'identifier, vite, la frontière entre l'adolescence nor-
male et pathologique, est une sacrée responsabilité !

17. Normal ou pathologique ?

« Être soi-même », tout en se disant chaque jour, « Je ne sais plus qui je suis ». C'est le paradoxe de l'adolescence. Illustré par des attitudes curieuses et excessives qui inquiètent, ou pas, selon les cas. La plupart d'entre elles ne sont que des stratégies « normales » nécessaires pour s'adapter. Bref, des signes de bonne santé psychique, à accepter et comprendre comme tels.

L'appartenance à un groupe

L'ado a besoin d'endosser sa nouvelle personnalité. Se réapproprier son corps, se fabriquer une image. Vaste chantier. Qui va l'accaparer et brûler toute son énergie. Pas étonnant qu'il devienne ce monstre d'égoïsme qui ne pense qu'à lui. Avec pour obligation de s'accorder une importance majeure. Normal.

Une fois qu'il se sera examiné sous toutes les coutures, il pourra se tourner vers les autres et se diriger vers un groupe auquel s'identifier. Car l'appartenance lui est indispensable, tranquillisante. Grâce à elle, l'ado se sent compris. En sécurité.

Mais, nuance : le groupe n'est pas toujours une garantie de confort.

Il peut être mal vécu par les plus fragiles. Les précoces, on l'a vu, sont peu enclins à s'assimiler aux autres, encore moins à un clan. Mais aussi tous les adolescents différents qui souffrent plus que jamais de cette « tyrannie de la majorité »[1].

Car avec ses rites et ses règles, le groupe peut aussi piéger les plus vulnérables. Ceux qui n'osent pas dire non. Ceux qui n'osent pas le quitter à temps. Au moment où il n'est plus le reflet de ce qu'ils pensent. Alors, rassurant ou contraignant, le groupe a des vertus limitées. Et, fondé sur le rapport acceptation-exclusion, il peut finir par être redoutable. Rejeter celui qui n'est pas du même monde. Celui qui n'est pas digne d'y entrer. D'y rester. Une subjectivité ambiante, dans laquelle chacun est jugé. Et gare à celui qui n'est pas dans le moule. Il est forcément moins bien.

Quand l'ado a du mal à s'affilier à une bande

Devant lui s'étend ce désert social qui va le déprimer. Pas de refuge possible auprès des parents, la rupture est consommée. D'où le risque de solitude. D'isolement. Avec des moments de tristesse responsables de petits passages à l'acte qui offrent un plaisir immédiat : portes qui claquent, réponses cinglantes, insultes. Mais qui aussi peuvent monter d'un cran et lui faire prendre des risques : saut en élastique du haut du viaduc, rampe en skate à fond sans casque, défonce à l'alcool. À un moment donné, l'action prend le pas sur la pensée devenue envahissante. La conduite est celle de « l'évitement ». Ces démonstrations de force viennent compenser une estime de soi vacillante.

Les parents ont le droit de ne pas aimer. Look skateur, cheveux décolorés, tatouage sur l'épaule, famille remplacée par les copains sont pourtant autant de signes rassurants. Des stratégies que les ados, dans leur grande majorité, mettent en place pour lutter contre ces changements pubertaires qui les déstabilisent.

_____

1. *Cultures lycéennes*, Dominique Pasquier, éd. Autrement, 2005.

Des manœuvres d'apaisement que l'ado puise en lui-même. S'il ne les trouve pas, son parcours risque de se compliquer et de flirter avec les conduites pathologiques.

Mais, heureusement, l'éventail de ces « petits arrangements » avec l'adolescence est vaste.

Marquages cutanés ou addictions, les recettes du mieux-être

Les tatouages, c'est nouveau. Avant l'engouement actuel, il n'y avait que les vieux loups de mer pour en être fiers. Aujourd'hui ils font partie de l'univers ado. Dans *Prison Break*, l'une de leurs séries-télé référence, le personnage culte, Michael Scofield, a le torse couvert de symboles qui, en fait, cachent les plans de la prison d'où il veut faire évader son frère.

L'intérêt que les ados attribuent à ces marquages n'est pas seulement une mode. Parfois, ils ont un sens. Selon l'endroit du corps, selon le style. Et la palette est large entre le petit dauphin sur l'épaule et le dragon tout feu tout flammes sur la largeur du dos. Le « c'est moi qui choisis » s'exprime de façon visible et a une valeur symbolique : le pouvoir de contrôle.

Explication. Depuis tout petits, ils ont appris que quand cela n'allait pas, il suffisait d'un clic pour prendre les choses en main. Sorte d'apprentissage du pouvoir par les jeux vidéo. Or aujourd'hui, leur corps se transforme, ils ne peuvent l'en empêcher. Mais ils gardent le contrôle de « l'enveloppe ». D'où la surenchère des ongles peints, des cheveux multi-couleurs et multi-formes, du piercing et des tatouages. Une façon de dire, « c'est mon corps ». Et dans ce domaine, « je fais ce que je veux ». De même, ils élisent leur groupe d'appartenance. Autant de tentatives pour maîtriser ce qui leur échappe. Et pour signifier à sa mère « Ça y est j'ai coupé le cordon », pas de message plus clair que le piercing au niveau du nombril. Respect !

Du côté des parents, pas facile. Mais inutile d'interdire. Au risque de provoquer une escalade. Reste donc à essayer de comprendre et en parler. Et surtout, être intraitable sur les conditions d'hygiène et de sécurité. Ensuite, négocier : « D'accord pour le petit dauphin mais seulement si tu remontes ta moyenne. » En revanche, quand les marquages se transforment en scarifications, les clignotants sont au rouge.

Les scarifications, il faut les repérer

Elles se situent en haut de l'avant-bras et sont là pour être remarquées. L'adulte les a vues, il doit le faire savoir. Au risque d'une surenchère. Dans mon service, je vais plus loin. Quand je suis confronté à une jeune fille qui s'est acharnée sur ses avant-bras, je vais dans son sens. Je lui fournis coton et désinfectant afin qu'elle se soigne elle-même. Qu'elle comble ce besoin de contrôle de son corps. Qu'elle arrive au bout de sa démarche. Et lorsque je lui demande pourquoi, la réponse coule de source : « Quand je fais du mal à mon corps, je souffre moins dans ma tête. » S'automutiler devient une tentative d'apaisement. C'est aussi une façon d'être acteur de sa vie : « C'est enfin moi qui décide où et quand j'ai mal... » Et c'est elle qui se calme toute seule, sans avoir besoin de toxiques.

Tabac, alcool et cannabis, les plaies d'aujourd'hui

Inutile de le nier. Tous vont être en contact avec des produits plus ou moins illicites. Une rencontre particulièrement risquée, à une étape clé de leur développement. Au moment de leur « vulnérabilité psychologique », selon le professeur Gilbert Lagrue[1] qui voit dans la maturation du cerveau l'explication de l'addiction.

---

1. *Parents : alerte au tabac et au cannabis*, Pr. Gilbert Lagrue, éd. Odile Jacob, 2008 : « L'adolescence est caractérisée par une vulnérabilité psychologique, avec une sensibilité exagérée aux émotions et un déséquilibre entre celles-ci et les capacités du contrôle cortical. »

NORMAL OU PATHOLOGIQUE ?

Ce spécialiste des dépendances nous le confirme : le tabagisme débute dans 90 % des cas entre douze et dix-huit ans et 30 % d'entre eux sont fumeurs. À partir de là, le problème n'est plus de savoir s'ils vont fumer ou non. Mais de savoir comment. Car, à la cigarette s'associe très vite, actuellement dans plus de 50 % des cas, le cannabis. Et dans la foulée, la boisson alcoolisée.

Tous les ados ne sont pas égaux devant les risques d'addiction.

Selon son environnement et son tempérament, l'ado va basculer ou non

Soit il fume son premier pétard et il ne lui procure pas autant de plaisir que son surf, un bouquin, sa musique ou un ballon de foot. Soit il fait une découverte. Comparé à son quotidien, c'est beaucoup mieux. Cette sensation de détente et d'apaisement, il va vouloir la retrouver. S'accrocher à ce plaisir artificiel. Continuer. S'attacher. Il a enfin trouvé ce qu'il lui manquait. L'un va fumer « socialement », le samedi soir avec ses copains, garder le contact. Sans plus. L'autre va devenir accro avec les conséquences que l'on connaît : l'engrenage et la dépendance.

Le cannabis, avec la recherche du plaisir, d'une transgression et de l'opposition aux parents, peut devenir indispensable pour l'affirmation de soi. Pour la quête de son identité : « Ça y est, je suis un ado. » Les chiffres parlent d'eux-mêmes : à dix-sept ans, un adolescent sur cinq consomme du cannabis plus de dix fois dans l'année, et 15 % plusieurs fois par semaine. (*Drogues et dépendance*, INPES, 2006). La première consommation survient en moyenne vers quinze ans. Elle concerne plutôt les garçons, l'initiation se fait en groupe. Mais si, comme pour l'alcool, à faible dose cela désinhibe et ouvre le champ relationnel, seul dans sa chambre, cela exclut de la sphère sociale.

131

Donc, à surveiller de près. Avec les précautions de rigueur. Rappeler que ces drogues ont des conséquences immédiates sur la santé. Qu'elles entraînent une baisse des capacités cognitives (diminution de la mémoire immédiate, de la concentration, des réflexes), et surtout une démotivation, à l'école et même en dehors. À tout prix éviter qu'il en arrive au joint indispensable pour démarrer la journée. Signe que la ligne blanche a été franchie.

La mise en danger ou l'entrée dans la pathologie

En dix ans, le nombre de jeunes victimes de la triple addiction alcool-tabac-cannabis a doublé. Le *binge drinking*, boire jusqu'à frôler le coma éthylique, se développe de façon inquiétante : presque un tiers des 15-19 ans déclarent avoir été soûls plus de quatre fois dans l'année.

Certains passages à l'acte sont encore plus préoccupants. En France, le suicide est la deuxième cause de mortalité chez les 15-25 ans : tous les ans, environ quarante mille adolescents tentent de mettre un terme à leurs jours. En revanche, ils sont moins nombreux à en mourir qu'il y a vingt ans : cinq cent soixante-dix-sept décès en 2007, un millier en 1987.

Pas étonnant qu'un adolescent sur dix prenne des médicaments contre le stress, l'anxiété ou l'insomnie. Ce sont les résultats accablants de l'enquête réalisée par Dominique Versini, la défenseure des enfants, lors de la dernière journée internationale des Droits de l'Enfant[1]. Dans son plaidoyer intitulé *Adolescents en souffrance*, elle décrit une génération qui dort mal, sèche les cours, boit trop, se défonce et joue avec la mort. Certes, seule une partie minoritaire est concernée, mais Dominique Versini se plaint que l'on s'occupe moins des ados que des SDF.

---

1. 20 novembre 2008.

NORMAL OU PATHOLOGIQUE ?

C'est mon choix

Pour Philippe Jeammet[1], ces conduites à risque sont engendrées par le climat d'extrême liberté dans lequel vivent les ados. La liberté et le plaisir, rien de plus difficile à vivre. Car l'absence de contraintes sociales renvoie à ses ressources personnelles. Lourde responsabilité pour ceux qui ne vont pas bien. D'où l'angoisse chez certains jeunes de s'entendre dire : « Fais ce que tu veux, mais sois performant.» Panique à bord. Car être performant, c'est du domaine de l'adulte. Cela revient à avoir la même énergie que lui. Donc, faire comme lui. Or, c'est précisément ce que rejette l'ado, lancé à corps perdu dans l'acquisition de sa personnalité. Son dilemme : cette force qui lui manque menace son autonomie. D'où ce comportement destructeur : « L'ado se prive de ce dont il a le plus besoin, parce que cette nécessité est vécue comme une menace.» Et la violence de la réaction est à la mesure du ressenti. Comme dans le rapport anorexie-boulimie. L'anorexique ne mange pas, car elle imagine que si elle commence, elle risque de ne plus s'arrêter. Prisonnière de ses certitudes, elle se répète à l'envi : « C'est mon choix.» Derrière, il y a la peur d'être lâchée. C'est pourquoi les ados les plus fragiles se cramponnent avec autant d'intensité.

Une société qui valorise le consensus

Le malaise vient peut-être aussi de notre société qui a horreur du conflit. Qui valorise plutôt le consensus. Réhabiliter le conflit permettrait à l'agressivité de s'exprimer en mots plutôt qu'en actes comme la violence ou l'évitement. Quand l'ado rencontre une opposition, c'est là qu'il peut trouver une balise pour amarrer ses combats intérieurs. Sinon, il s'enferme. Dans

---

1. Psychanalyste et professeur de psychiatrie, spécialiste des adolescents.

le silence. Ou s'engage dans la guerre. Les jeunes aujourd'hui ne peuvent plus extérioriser leur agressivité dans un conflit de générations. À qui peuvent-ils s'en prendre, si ce n'est à eux-mêmes. Certains parlent d'un « auto-sabotage » qui peut prendre la forme de la fugue. Voire aller jusqu'au suicide.

Fuir la réalité

D'après l'enquête de Monique Dagnaud[1], sociologue, une partie des 18-25 ans se livre à une véritable autodestruction au cours de leurs sorties. Pour 15 % d'entre eux, en effet, la « teuf » est un mode de vie. Ils ne font plus la fête, mais partent dans des « délires » et la « défonce ». Des virées nocturnes où le cours de la planète ne les atteint plus. Ils s'éclatent pour oublier : « Beaucoup ont du mal à se projeter dans l'avenir, ils ont l'impression qu'ils n'arriveront à rien. » D'où cette envie furieuse de fuir.

Ils se fuient eux-mêmes. Ou pour un mirage. Comme dans *Into the wild*, le film de Sean Penn, où un jeune Américain dont l'avenir est tout tracé abandonne sa carte de crédit et son iPod pour une vie sauvage en Alaska : « L'important n'est pas d'être fort mais de se sentir fort. » Message bien reçu auprès des ados.

Je n'y arrive pas

Ces dérives surviennent lorsque les stratégies d'apaisement ne marchent pas ou sont insuffisantes pour calmer les doutes. Lorsque l'ado est débordé de toutes parts. Dans la tête, ça devient insupportable.

L'adolescence n'est plus qu'un mur, infranchissable. Pas d'autre solution que de le contourner. On quitte l'adolescence

---

1. *La Teuf*, Le Seuil, 2008.

NORMAL OU PATHOLOGIQUE ?

normale pour entrer dans le monde de la pathologie. Impossible de s'apaiser, il ne reste plus qu'à essayer d'éviter. Tout. La famille d'abord, avec les fugues. L'école, avec les phobies scolaires. L'évitement peut même être plus subtil encore, intellectualisé, avec la mythomanie (s'inventer une autre réalité) ou les TOC, ces rituels qui occultent la pensée. L'évitement peut concerner aussi la sexualité, tellement présente, tellement pesante, avec l'anorexie mentale. Et ces jeunes filles qui retardent l'apparition des formes féminines et « bloquent leurs règles dans leur tête ».

Quant aux tentatives de suicide, elles illustrent l'ultime exigence d'un changement radical et immédiat, une façon violente de se cogner dans le mur. Au risque d'y rester.

La difficulté avec un ado, c'est de faire le tri. Supporter les tocades et les excès qui sont de son âge. En revanche, cet équilibriste qui joue à se faire peur doit être parfaitement entraîné. Bien dans sa tête pour ne pas chuter. C'est le rôle des parents d'y veiller. Surveiller une tristesse qui dure, les copains qui ne viennent plus, des mauvais résultats scolaires qui pourraient devenir insupportables. Et ne pas hésiter à consulter avant que tous les clignotants ne passent au rouge.

18. Yanis, paralysé par l'angoisse

Jeudi matin. Yanis, quinze ans, est en cours. Il ne se sent pas bien. L'espèce de barre vissée sur son front accentue sa pression. Et quand il demande à se rendre à l'infirmerie, il a du mal à tenir debout. Sa jambe gauche ne répond plus, idem pour son bras. Côté gauche, il ne ressent plus rien.

Direction l'hôpital de Roanne. Scanner. IRM et prise de sang. À priori, tout est normal.

Atrophie de l'artère cervicale ? Malformation ? Hématome cérébral ? Virus ? Un Guillain-Barré[1] ? Une énigme diagnostique digne du Dr House[2] !

Yanis est alors muté dans le service de neurochirurgie du CHU de Lyon pour observation. Une deuxième IRM le lendemain ne permet toujours pas aux spécialistes d'être fixés. En revanche Yanis commence à récupérer l'usage de sa main gauche. À la fois un peu de force et de sensation. Dans ces cas-là, le neurochirurgien me demande un avis. Y aurait-il une origine psychologique ? Un excès d'angoisse ? Cela peut arriver.

Je vais donc recevoir Yanis en consultation. En parallèle, les investigations médicales se poursuivent. Notamment les « Poten-

---

1. Le syndrome de Guillain-Barré, est une maladie rare qui affecte les nerfs périphériques de l'organisme. Il se caractérise principalement par une faiblesse, voire une paralysie et s'accompagne souvent de sensations anormales. Le syndrome est imprévisible et peut survenir à tout âge, indépendamment du sexe.
2. Médecin-héros d'une série télévisée, célèbre pour ses enquêtes médicales.

tiels Évoqués » qui permettent de vérifier comment réagit le cerveau à des stimulations externes (son, lumière). Pour ainsi faire la part entre une responsabilité « neuro » et/ou « psy ».

Déhanché et claudicant, il entre dans mon bureau, gêné d'avoir à exhiber ce « handicap », que je suis obligé de détailler avec lui. Une épreuve pour ce grand gaillard, souriant malgré tout.

Yanis, un garçon brun, aux cheveux courts et yeux noirs, se détend enfin, une fois assis face à moi. Je sens en lui le fonceur, freiné dans ses projets. Plutôt apprécié dans son lycée, du genre à collectionner les copains. Une carrure, bien décidée à devenir pompier professionnel. C'est sa nature, toujours le regard tourné vers les autres. Et sur le sujet, il est intarissable. Ce penchant qu'il a d'aider les plus en difficulté, de les prendre sous son aile... Bref, il est connu pour ça.

— Oui, mais il n'est pas facile. Le règlement ce n'est pas son truc. Yanis décide et fait ce qu'il veut !

La tirade est venue du père. Un ingénieur en informatique, fier de son fils mais aussi très inquiet à son sujet. Un homme calme, précis, désireux de comprendre ce qui arrive à son petit dernier. La sœur, vingt ans, qui les accompagne, semble terrorisée et inconsolable. Paniquée à l'idée que son petit frère reste « comme ça ».

Les trois m'interrogent du regard, me disent qu'ils n'attendent pas un miracle mais que s'ils peuvent m'aider... Pourvu que le cauchemar finisse.

— Ce genre d'incident n'est jamais arrivé, raconte le père. Yanis est assez inquiet de nature, il ne se plaint jamais. Mais il ne nous cache rien. L'autre jour il a reçu un choc au rugby, un coup de crampon qui l'a sonné. Finalement rien de méchant, mais il nous en a parlé tout de suite.

Dans son lycée, rien à dire. Bonne ambiance, tout va bien en particulier depuis cette rentrée en première STI. Les maths c'est son fort. Et puis, le fiston commence à sortir le samedi soir.

— Oui, mais cela se négocie. À la maison les sorties se méritent. Et puis s'il y a des problèmes pour rentrer, je vais le chercher, ajoute le père.

Petit détour dans l'enfance. Après deux filles, le petit Yanis est arrivé comme la cerise sur le gâteau. Un bébé pas facile pourtant, qui avait parlé tôt mais marché tard. Très agité dès la maternelle, sans être rejeté par les autres. Avait été vu par un psychologue en primaire.

— Il nous en a fait baver ! Un jour on l'a perdu en visitant le souk de Marrakech ! La tête ailleurs, ça lui a joué des tours ! Sa cinquième, il l'a redoublée !

Et à la maison ?

— Tout va bien si on évite les sujets qui fâchent ! Faut pas trop le contrarier ! répond le père.

— Il est adorable ! affirme Nadia, sa sœur aînée.

L'atmosphère s'adoucit. Yanis m'a l'air d'aller tout à fait bien sur le plan psychique. Soulagé, le père se livre alors un peu plus.

— On est très partagé. D'un côté s'il n'y a pas de lésion au cerveau, on est rassuré. Mais s'il y a un problème côté psy... cela risque d'être long...

Je le sens désemparé. Peu familier avec la psychologie. Il a envie d'en savoir plus. Je perçois même de la suspicion :

— Si c'est psy, c'est qu'il le fait exprès !

Je tente d'expliquer que ce n'est pas si simple :

— Votre fils peut souffrir d'un symptôme de conversion. Comme quand on est angoissé et que l'on a l'impression d'avoir « une boule dans la gorge ». En fait, cette boule n'existe pas et pourtant on la sent. De la même façon, on peut perdre l'utilisation d'une partie du corps, uniquement pour des raisons psychologiques. C'est spectaculaire, mais on en guérit complètement.

Du coup, mon explication déclenche les confidences du père :

— Je pense à autre chose encore, poursuit-il. Son meilleur copain a eu beaucoup de problèmes à une jambe suite à un accident de moto l'année dernière. Il en a perdu son contrat d'apprentissage. Et son père l'a mis à la porte. Vous croyez que cela a pu jouer ?

Je m'adresse à Yanis :

— Qu'est-ce que tu en penses ? Cela t'a beaucoup brassé ?

— Oui, surtout quand il s'est fait virer de chez lui, j'ai trouvé ça injuste.

Ce n'est pas anodin, mais pas suffisant comme explication. J'en tiens compte dans ma conclusion provisoire en attendant de voir Yanis seul.

Tous les deux, nous parlons d'abord rugby. De ses loisirs. Toujours privilégier un abord périphérique, histoire d'éviter une approche trop frontale du problème.

— Warcraft, je peux y rester des heures. Encore que maintenant j'ai pris de la distance. Comme série-télé, ma préférée c'est *Les Experts Miami*. J'adore le flic blond, toujours calme quoi qu'il arrive.

— Pas étonnant, il est hypersensible, comme toi. Et tu penses à autre chose qu'à être pompier ?

— Non, je n'ai pas envie d'avoir d'autre idée.

Et il me confie, à ce moment-là, qu'il a peur que sa jambe l'empêche de réaliser son rêve.

C'est le moment de parler de son copain.

— Oui, il a gardé des séquelles de son accident, il ne peut pas reprendre le sport.

— Y a-t-il eu d'autres événements dans ta vie que tu as trouvés injustes ?

— Quand j'ai perdu mon cousin de vingt ans. Un suicide, à ce qui paraît. Je n'ai rien montré, je fais souvent le gros dur. C'est comme ma petite copine, je la connais depuis longtemps, mais on est ensemble depuis mercredi, alors elle m'a dit : « Je te porte la poisse ! » Je crois que je n'ai jamais eu de chance.

— Imaginons que je puisse réaliser deux de tes rêves, qu'est-ce que tu choisirais ?

— Faire une bonne carrière. Faire revenir ceux qui sont partis.

— La mort, ça te préoccupe ?

— Cet été j'ai perdu un copain. Il s'est tué dans un accident de la route et juste avant je m'étais battu avec lui. Pourtant j'aime pas me battre, mais il embêtait une copine. J'aurais pas dû...

Mon idée se précise.

Pas besoin de tests psychométriques, les bons résultats scolaires confirment que ses compétences intellectuelles sont normales. J'attends, en revanche, les derniers résultats du bilan neurologique avant de conclure définitivement à une origine psychologique.

Comme on pouvait s'y attendre, les « Potentiels Évoqués » sont parfaits. La confrontation des examens (EEG[1], IRM, bilan sanguin, tous normaux) et de l'histoire du trouble atteste que le cas de Yanis relève du pédopsychiatre. Le jeune homme est transféré du service de neurochirurgie vers notre unité. Facile, les deux services sont au même étage.

Yanis va passer cinq jours chez nous, sans visite, ni contact avec l'extérieur. Pour éviter tout parasitage et lui permettre d'exprimer librement ses émotions. En particulier la partie immergée, celle que lui-même ne voit pas.

Comme souvent dans ces cas-là, l'isolement vis-à-vis de la famille est quasi magique. En quarante-huit heures sa main gauche est parfaitement mobile. Il conserve cependant une jambe raide, qui le fait boiter. Un ultime examen neuro-pédiatrique nous rassure totalement : « Si Yanis n'a pas récupéré une mobilité normale de sa jambe gauche, ses réflexes, eux, sont en revanche bien présents », conclut le médecin.

L'origine est certainement dans son inconscient.

Les psychologues cliniciens entrent en scène. Entretiens et bilans se succèdent. Visiblement Yanis apprécie de parler de

---

1. Électroencéphalogramme.

lui. Des tests de personnalité nous tranquillisent. Pas de trace de « perversion », signe qu'il ne simule pas. Pas d'éléments psychotiques qui évoqueraient un délire. Pas de trouble dépressif, il n'est pas en train de s'effondrer. Juste une anxiété excessive, semble-t-il, liée à une culpabilité vraiment envahissante. Il faut dire que depuis deux ans, il les accumule.

Son meilleur ami viré de chez lui et de son emploi à cause d'une chute de moto : « Ce jour-là, je devais dormir chez lui et je n'ai pas pu car j'avais un match. » Le suicide de son cousin : « Je sentais qu'il n'était pas bien et je n'ai rien fait... » Et surtout, le décès accidentel d'un copain, tout de suite après s'être fâché avec lui à cause d'une fille. Pour la première fois, Yanis baisse les yeux : « C'est avec elle que je sors depuis une semaine... »

La boucle est bouclée ! Comme des dominos qui s'écroulent les uns sur les autres, l'enchaînement de catastrophes a fini par atteindre le corps de ce jeune pompier au grand cœur. Persuadé que sa responsabilité est impliquée dans tous ces drames, il n'a pas d'autre solution que de se sanctionner. De se priver de ce qui lui plaît le plus, le sport, être pompier, etc. Une stratégie très élaborée, mais totalement inconsciente bien entendu, pour éviter de recourir à une sanction plus grave. Mieux vaut se déposséder de l'usage d'un organe plutôt que de mettre fin à ses jours. Comme un disjoncteur déclenche un hors-circuit pour protéger la maison.

Loin de tout, apaisé par les entretiens, Yanis se laisse aller, porté par l'ambiance bon enfant du service. Il chahute, participe aux différents ateliers et, bien sûr, s'occupe des petits. Il se prend même d'admiration pour un jeune infirmier, pompier volontaire lui aussi. Ce qui facilitera encore les confidences, dans les moments de détente qui jalonnent les journées d'hospitalisation.

À son insu, sa jambe gauche retrouve sa souplesse initiale. Mais il ne paraît pas s'en soucier ! J'ai toujours été surpris par cette « belle indifférence » affichée par les enfants, aussi bien face à la survenue d'un « symptôme de conversion » qu'à sa disparition. Comme ces adolescentes arrivées en chaise roulante pour paraplégie ou, appuyées sur une canne blanche après l'apparition d'une cécité brutale, qui ne manifestaient pourtant ni détresse, ni soulagement. Ni avant, ni après leur guérison.

Pour Yanis, nul besoin de traitement médicamenteux. L'interprétation du sens de ses symptômes semble suffisante pour l'apaiser. Et pour qu'ainsi, tout rentre dans l'ordre : « Si tu t'estimes responsable de tout ce qui arrive, peut-être penses-tu ne pas mériter d'être heureux… et peut-être cherches-tu à te punir. »

Yanis écoute cette proposition, sans broncher. L'air plutôt dubitatif. Néanmoins, en cinq jours, tout son côté gauche s'est remis à fonctionner, normalement.

Le plus dur va être d'éclairer son père. Pas sûr que cet ingénieur soit rompu aux mécanismes de l'inconscient. Quand je lui montre l'ensemble des résultats et la preuve que son fils va bien, la réaction ne se fait pas attendre :

Vous êtes vraiment sûr qu'il ne le faisait pas exprès…

Yanis va poursuivre les entretiens avec la psychologue du service. Mettre des mots sur ses soucis lui évitera par la suite de les exprimer à travers son corps. Juste le temps qu'adolescence se passe.

19. Norman, seul au monde...

Juin 2009

— Je vous jure, je ne l'ai pas fait exprès...

Norman, seize ans, est en colère. Contre moi, contre lui, et surtout contre les éléments qui lui sont à nouveau contraires.

Sur mon bureau, un rapport de gendarmerie. Norman a été surpris en train de cambrioler une maison de campagne, en compagnie de deux copains. En fait, il faisait le guet. Pour dépanner...

Ma moue dubitative le désempare.

— Même vous, vous ne me croyez pas ! Je ne savais pas ce qu'ils faisaient...

Ses yeux noisette m'implorent.

Je n'arrive pas à être agacé par cet adolescent pataud, un peu emprunté dans son jogging blanc d'où émerge une chaîne argentée. Ses cheveux châtains coupés courts et ses quelques kilos en trop le distinguent du look apprêté des adolescents des villes...

La « bad attitude »

Norman a accumulé les mauvais choix depuis quelques semaines. À l'école, au village, à la maison, plus rien ne semble fonctionner...

J'AI UN ADO... MAIS JE ME SOIGNE

Il porte toute la misère du monde dans ses yeux d'automne. L'averse hormonale ne l'a pas épargné non plus. Sa peau luisante et un duvet brun sur la lèvre supérieure ne l'avantagent pas et contribuent sans doute à son désarroi actuel. Un bébé grandi trop vite, mal fagoté, en jachère...

Troisième consultation en six mois ; trois contrats non remplis...Viré de son CAP de plomberie en octobre, de sa Maison Familiale et Rurale (MFR) à Noël, et maintenant une affaire pénale sur le dos !

J'essaie d'apaiser une colère que j'interprète comme une ultime stratégie face au risque d'effondrement. Je ne le juge pas, je constate. Malgré toute sa bonne volonté, malgré ses engagements, Norman n'y arrive pas. Je suis juste là pour l'aider à comprendre pourquoi.

On s'occupera de la gendarmerie après...

Norman semble vouloir reprendre le dialogue. L'agressivité de son regard se dilue peu à peu et je retrouve le gosse attendrissant qui, dès le premier jour, m'avait donné envie de m'impliquer pour l'aider à sortir de l'impasse. L'espace d'un instant, je me demande tout de même jusqu'à quel point il m'a manipulé.

— J'aimerais venir passer quelques jours dans votre service...

Le souvenir de son séjour à l'unité 502[1] pendant les vacances de la Toussaint obscurcit un peu l'ambiance : provocations avec les autres adolescents, refus des règles et des consignes. Toujours suivis d'excuses, mais de moins en moins crédibles auprès des infirmières, qui n'ont cessé de me reprocher ma mansuétude à son égard : « Pourquoi vous le défendez comme ça ? »

Je reprends l'affaire pénale. Les derniers copains qui lui restent dans son village de Haute-Loire lui ont demandé un petit service : surveiller la rue pendant qu'ils font une blague à

---

1. Mon service de neuropsychiatrie de l'enfant à l'hôpital neurologique de Lyon.

un ami ! Incapable de dire non, Norman renoue avec ses anciens travers, alors qu'il semblait de nouveau fréquentable.

Depuis son exclusion de la MFR en février, il travaille chez un employeur qui lui a offert un stage non rémunéré. Le genre de patron qu'il lui fallait : ferme, juste et sans concession. Norman s'y sent bien, et cet artisan-plombier félicite son efficacité et sa gentillesse ! L'état de grâce a duré deux mois, jusqu'à cette soirée maudite où il replonge.

— Le pire, c'est pour ma mère... Je la déçois trop. Quant à mon père, il m'a démoli.

Itinéraire d'un enfant pas si gâté

J'essaie de comprendre cette spirale de l'échec. Un rapide coup d'œil sur mes notes me rappelle le contexte. Fils unique après une grossesse archi-précieuse, obtenue, enfin, par fécondation in vitro, après trois fausses couches : « On l'a tellement attendu... » Un bébé magnifique, mais qui ne dormait pas, et que sa maman ne pouvait laisser à personne.

Et quand la petite entreprise de textile qui l'emploie ferme ses portes, sa mère se consacre totalement à ce fils âgé de trois mois, qui semble avoir tant besoin d'elle.

De son côté, son père, mécanicien dans un garage, alterne les périodes d'alcoolisation et de tempérance. Quand il boit, les murs de la petite maison tremblent ; mère et fils font alors front commun en attendant la fin de l'orage.

Le décès de la grand-mère maternelle, alors qu'il n'a que six mois, achève de resserrer, puis de sceller les liens mère-bébé. Norman va donc grandir « sous cloche », sans histoire, sans problèmes apparents. Seulement voilà. Cette extrême docilité des premières années est un peu comme le calme avant l'ouragan. On sait qu'elle implique un détachement futur difficile. Une adolescence loin de se dérouler sans heurts. Norman pouvait-il se dégager d'une telle emprise maternelle sans culpabilité ni inquiétude ? Comment quitter une prison à la fois douce et asphyxiante autrement que par la violence ? Avec sans doute, dans l'après-coup, la recherche maladroite de sanctions et de réassurances.

Raison de plus pour ne pas traiter la procédure judiciaire en cours comme un épisode de délinquance ordinaire. La vérité semble ailleurs.

Mon truc c'était les animaux...

Un moment de silence, au cours duquel j'essaie en vain de capter son regard...

Norman trépigne sur le fauteuil. Comme beaucoup d'ados, il supporte mal ces « blancs » dans la consultation. Ce qui est un outil dans les psychothérapies d'adultes devient vite un obstacle à l'adolescence. Le silence du thérapeute est souvent vécu comme de la réprobation. Pas la peine d'en rajouter, pas aujourd'hui.

J'ai besoin de comprendre. Je relance l'entretien en abordant ses loisirs.

— Et le foot... tu as fait une bonne saison ?

— J'ai arrêté à Noël, l'entraîneur était trop ch... Il voulait que je joue arrière, moi, si je ne marque pas de buts, ça ne m'intéresse pas.

Toujours le même besoin de reconnaissance...

— Tu as suivi le championnat de Ligue 1 ? Toujours fan de l'OL ?

— Non, ils sont nuls cette année, ça me gonfle de les voir jouer, et de toutes façons, je préfère Saint-Étienne...

C'est son père qui doit être content, lui qui est abonné à l'Olympique lyonnais depuis trente ans ! Les deux clubs sont en rivalité depuis toujours, et leurs supporters se détestent chaleureusement ! Pas un hasard si Norman choisit de se démarquer ainsi.

— Et les filles, ça t'intéresse ?

— Trop pas ! réplique-t-il en rougissant, visiblement mal à l'aise. De toutes façons, il n'y en avait pas dans mon école...

Je n'insiste pas et relance :

— Tu aides toujours ton père pour le jardin ?

— Non, ça me soûle ! En plus, il n'est jamais content. La dernière fois, il m'a obligé à tondre et après, il m'a fait recommencer, disant que c'était mal fait...

— Et plus tard, tu voudrais continuer la plomberie ?

Là, Norman ne lève même pas la tête, mais la secoue de droite à gauche. Sa voix est imperceptible. Il retient un sanglot et murmure :

— C'est pas ça que je voulais faire. Moi, mon truc c'étaient les animaux. Mais j'étais nul en math, et puis je ne savais pas écrire. Alors on m'a orienté en fin de cinquième... De toutes façons, si c'est pour être comme mon père...

Je voudrais tout recommencer de zéro

Je me souviens d'un parcours scolaire compliqué. Une dyslexie et une dyscalculie tardivement repérées ont été rapidement à l'origine d'un contentieux avec l'école. Norman a mal géré la déception de ses parents. Lui qui avait parlé si tôt, qui comprenait plus vite que les autres en maternelle... Il n'a pu concrétiser tous les espoirs mis en lui. Sa réussite scolaire aurait sans doute apaisé la tension familiale. Son échec plombe un peu plus l'ambiance, et l'avenir. La « panne d'ascenseur social », qui achève de démolir un équilibre déjà précaire.

Mon diagnostic se précise. D'autant plus que lors de la première consultation, j'ai souligné en rouge sur son dossier un détail de l'histoire familiale qui prend toute son importance. Le grand-père paternel est décédé dans des conditions mal élucidées (on l'a retrouvé noyé, et il était décrit comme dépressif), tandis que la grand-mère maternelle était atteinte d'une maladie « bipolaire »[1]. Cette double et lourde hérédité fait suspecter une vulnérabilité face à la dépression. Il est probable que Norman soit moins bien « équipé » que les autres adolescents pour lutter contre les événements défavorables.

La traversée de son adolescence n'est pas une partie de plaisir. Fragilisé au niveau de l'estime de soi par son look improbable, préoccupé sur le plan affectif par une maman qu'il ne peut laisser seule, déçu sur le plan professionnel, il ne lui reste plus que ses copains. Mais quels copains ! Pas vraiment le choix. Ceux-là, il doit les garder, coûte que coûte. Tant pis si c'est au prix d'un passage devant le juge des enfants. Et même tant mieux, si la sanction lui permet de régler ses comptes avec sa culpabilité. ...

Quoi qu'il arrive, Norman est coincé. Entre une maman déprimée qui n'a plus que lui et un père peu stimulant qui le rejette. Entre une obligation de grandir malgré tout et un échec scolaire injuste. Un avenir incertain et un passé sombre à oublier.

Norman est déprimé. Une dépression qui dure depuis un an, qui couvait depuis plus longtemps. Depuis ses premières années de vie, où il lui était impossible de se détacher normalement d'une maman qui n'allait pas bien, qui l'avait tant attendu et dont il était visiblement l'antidépresseur.

— Si tu avais une baguette magique et que tu puisses changer quelque chose de ta vie, ou avoir quelque chose qui te manque, que demanderais-tu ?

Norman lève ses yeux rougis, esquisse un sourire amer et secoue la tête.

— Ça n'existe pas les baguettes magiques…, lâche-t-il.

Bien fait pour moi, ça m'apprendra à le considérer comme un gamin ! Néanmoins, j'insiste, en proposant une métaphore plus proche de ses préoccupations :

---

1. Le trouble bipolaire est une maladie qui touche la régulation et l'équilibre de l'humeur. Les personnes qui en souffrent sont sujettes à des fluctuations d'humeur excessives, voire extrêmes, sans qu'il n'y ait forcément un événement extérieur déclenchant.

— Alors imagine autre chose. T'as ramassé une grenouille blessée, tu l'as soignée, elle se transforme en Lara Croft et veut te remercier, qu'est-ce que tu lui demandes ?

Un éclair de vie dans ses yeux me confirme que j'avance dans la bonne direction. Malheureusement, ça ne dure pas...

— Je lui demanderais de tout recommencer ma vie, à zéro...

C'est sorti ! Pas besoin de lui demander ce qui est si douloureux pour qu'il ait envie de tout refaire. Norman aborde spontanément son sentiment d'échec : tout ce qu'il touche « foire »... Il fait du mal à sa mère, il n'y arrivera jamais... Et surtout, il ne comprend pas pourquoi !

Indiscutablement, il est maintenant disponible psychiquement, prêt à effectuer un travail psychologique qui l'aidera à « avancer ». À identifier le sens de ses troubles du comportement.

Rien de délinquant en effet dans ses débordements. La preuve, il les regrette et n'en tire aucune fierté.

Il ne dispose malheureusement pas d'autres possibilités pour exister, pour attirer l'attention de son père. Pour se punir aussi sans doute, de quelque chose de mystérieux dont il s'accuse. Peut-être le conflit parental ? La psychothérapie l'aidera à y voir plus clair.

Vous ne voulez plus me revoir ?

Chance, je connais un pédo-psychiatre proche de son domicile. Un homme, c'est sûrement mieux dans son contexte de carence masculine : grand-père disparu, père absent, un entraîneur de foot déçu... Je griffonne le numéro de ce thérapeute et le tends à Norman, un peu vite sans doute. Il fait mine de ne pas le voir.

— Vous ne voulez plus me revoir ?

L'appel est poignant. Bien sûr, je ne vais pas le lâcher. Je m'en veux de n'avoir pas été assez clair.

J'AI UN ADO... MAIS JE ME SOIGNE

— Tu as plein de choses à dire, je pense que tu fais des bêtises parce que tu es triste en ce moment. Le psy t'aidera à y voir plus clair. Tu verras avec lui combien de fois tu dois y aller. Moi, je continuerai à te rencontrer au même rythme. Et j'aimerais que tu acceptes de prendre un traitement qui va t'aider à voir les choses plus en rose. Et à être plus cool avec tout le monde...

— Je veux pas me droguer !

— Je te demande de le prendre quinze jours, et tu m'appelles. Si ça t'aide à être moins pénible, tu peux le continuer un mois ou deux... L'essentiel, c'est ce qui va se passer avec le psychiatre. Et si ça ne va vraiment pas, tu reviendras dans le service, promis...

— Vrai ?

Le visage de Norman s'est enfin détendu. J'enfonce le clou :

— Tu vas reprendre le stage avec ton patron. Je vais l'appeler pour lui expliquer la situation si tu es d'accord.

Norman voit plutôt d'un bon œil que les adultes, impliqués autour de lui, communiquent ensemble.

— Et la juge des enfants, vous pouvez intervenir ?

Il va déjà mieux ! En tous cas, il n'a pas perdu sa lucidité...

— Non, c'est normal que tu comparaisses. Tu expliqueras la vérité...

Je connais le fonctionnement de ces magistrats. Notre collaboration est très enrichissante. Je sais que leur mission est toujours plus éducative que répressive. Mais le rappel à la Loi est également thérapeutique pour Norman. Pour minimiser le risque de récidive. Surtout s'il a compris que son appel maladroit avait été entendu...

Je propose qu'il aille chercher sa mère. C'est une femme épuisée par la vie qui pénètre dans mon bureau. La lassitude a raviné son visage. Elle est hors d'âge...

Je lui expose mon idée diagnostique.

— Déprimé, lui ? Vous ne l'entendez pas quand il m'insulte !

Calmement, j'explique le contexte, et le projet...

150

— Tu le prendras le médicament ? Docteur, je ne veux pas avoir à me battre tous les matins...

— Laissez-le faire, c'est entre lui et moi...

Histoire d'éviter une raison de plus de s'opposer.

— Et que va-t-il devenir plus tard ?

La question est logique vu l'histoire familiale. Et l'angoisse palpable...

— Beaucoup d'adolescents déprimés deviennent des adultes comme les autres. À condition qu'un accompagnement adapté ait été mis en place. Et suivi. Pour l'instant, on navigue à vue !

On prévoit de se revoir dans un mois. Je fixe un rendez-vous téléphonique dans quinze jours, pour évaluer l'effet du traitement.

— Entre-temps, si ça ne va pas, vous pouvez utiliser la permanence téléphonique du lundi matin. Ou le mail.

Le cadre fixé est sûrement rassurant pour tous.

Ultime validation de ce consensus, je dicte une lettre pour le médecin de famille, face à Norman et sa maman. La conclusion retient toute leur attention.

— « ... En somme, malgré les apparences, Norman présente un tableau dépressif franc, lié à sa situation actuelle, familiale et professionnelle d'une part, et à un terrain prédisposant d'autre part. Je ne retiens pas de risque d'évolution vers la délinquance. Merci de superviser le traitement médicamenteux et le suivi médical, Bien à vous... »

Je coupe l'enregistrement et sollicite du regard la mère et le fils. Ils hochent la tête dans un bel ensemble, enfin d'accord.

La détresse des uns et des autres a été entendue. Des solutions sont proposées.

En tous cas, Norman et sa maman ne sont plus seuls au monde.

La balle est dans leur camp...

20. Anna, plutôt mourir

Treize ans et demi, à peine un mètre quarante. Elle est petite Anna. Beaucoup trop à son goût. Et son plus mauvais souvenir d'école est le jour où elle s'est fait traiter de « naine ». L'insulte tombe en quatrième, l'année charnière où, devenus des géants, la plupart des élèves dépassent les profs. Et où les autres, ceux qui piétinent sous la toise, sont priés d'aller jouer ailleurs. Anna en est blessée. Elle vit ces railleries comme une injustice. Et se lance dans un combat perdu d'avance. Elle multiplie les reproches envers l'établissement, trouve l'ambiance nulle et finit par dire qu'elle ne veut plus y aller :

— On se moque de moi, ce n'est pas drôle, j'ai peur.

Des poussées d'angoisse. Anna connaît. Et ce n'est pas la première fois : l'été précédent, à la colo, elle avait pleuré tout le temps. Inconsolable au point que ses parents étaient venus la chercher au bout de trois jours.

— Je souffre, ma famille me manque.

Avec son année d'avance, Anna entre en troisième à treize ans. Toujours petite, elle reste à l'écart, préfère les adultes et se préoccupe de la guerre en Irak :

— J'y ai pensé avant tout le monde, mais je n'ai rien pu faire.

Sa mère la décrit comme « intuitive, une sorte d'éponge, toujours en empathie avec les problèmes du monde ».

Paradoxe. Malgré ses bons résultats, son anxiété grandit. La jeune fille supporte de moins en moins de quitter la maison et tourne progressivement le dos à l'école. Elle s'arc-boute dans son refus, montre qu'elle ne plaisante pas et fait une tentative de suicide. Panique des parents qui, face à la détermination de leur fille unique, abdiquent. Libérée de la pression familiale, elle rompt les liens avec son établissement. Ferme les écoutilles et reste à la maison. Désœuvrée.

Entourée et aidée par des professionnels de santé, Anna échappe à une nouvelle tentative de suicide et se révolte contre elle-même. Le vide qu'elle a fait autour d'elle la fait souffrir et elle le dit.

Adressée à mon service par sa psychologue, Anna se retrouve dans mon bureau, avec ses parents. Cette ado me bluffe. Une poupée de porcelaine aux grands yeux clairs qui parle comme une adulte :

— J'en ai assez. Je voudrais m'en sortir, avoir une vie normale.

Le ton est décidé, la demande carrée :

— Je veux retourner à l'école et je me demande pourquoi je n'y arrive pas.

La lucidité des « phobiques de l'école » est étonnante. C'est le nœud du problème. Ils arrivent à formuler leur blocage mais restent dans l'incapacité d'agir.

Dans le cas d'Anna, le côté positif est son adhésion totale à une intervention extérieure. Elle est ici dans l'attente d'un résultat. Elle va coopérer et nous aider, peut-être, à la libérer.

Retour sur son passé. Sa mère me décrit un bébé très sage. Puis une petite fille vive et facile, leader en maternelle, entrée en primaire avec un an d'avance. Tout va bien jusqu'en CM1, l'année du divorce :

— En plus du divorce, on déménage et elle perd sa nounou qu'elle adorait, raconte sa mère qui semble très préoccupée.

La petite fille devient anxieuse, s'arrête de grandir et s'ennuie en classe. Évaluée par une psychologue, elle est déclarée précoce.

« Comment ça précoce ? disent les enseignants. Elle n'a pas 20 sur 20 partout ! »

Quelques explications plus tard, Anna intègre une classe spécialisée, entre en sixième et saute encore une classe. Tout rentre dans l'ordre. Jusqu'en quatrième, année de son rejet du collège.

La rupture se fait progressivement. Une poignée d'heures de cours par semaine, beaucoup de temps passé à l'infirmerie. Des entretiens avec une psychologue. Des séjours de plus en plus prolongés à la maison.

— Je ne fais rien de spécial, la télé, l'ordi, j'écoute de la musique.

— Elle n'a plus de lien social, précise sa mère, elle ne fait plus rien même à la maison où elle reste sous la couette.

Anna se prépare seulement pour aller voir son père, un week-end sur deux. « Un père-vacances », comme il le dit lui-même. Un homme sur la réserve, peu bavard et pince-sans-rire :

— Ensemble quatre jours par mois, chaque fois c'est la fête !

La mère, qui travaille désormais à mi-temps pour s'occuper de sa fille, se tourne vers lui :

— Parfois elle n'a même pas le courage d'aller chez toi !

Ambiance.

Anna est d'accord pour rester dans mon service. Tests, discussions, le temps d'une évaluation. Et selon la règle, pas de visite, pas de sorties.

— Vous savez, celui que j'ai eu le plus de mal à quitter, c'est mon chat.

Anna est désenchantée. Les livres lui tombent des mains, la nourriture sert à survivre. À quoi bon les sucreries et le chocolat. Alors pourquoi pas un séjour à l'hôpital.

— Si je dois en passer par là !

Résignée, la jeune fille au sourire triste joue le jeu et s'applique dans ses réponses :

— C'est vrai, je suis mal à l'aise dans le groupe, je n'aime pas manger, je n'éprouve aucun plaisir.

Et quand il s'agit de l'école, sa simple évocation lui provoque « des papillons dans le ventre ».

Pourtant, on le sait, ce genre de phobie n'a rien à voir avec l'école. Elle touche le plus souvent les bons élèves. Ce refus s'appuie sur d'autres raisons inconscientes, dont l'origine se trouve à la maison, auprès des proches.

Au bout de quinze jours, le bilan d'Anna est plutôt satisfaisant. Ni déprime, ni idées noires exprimées, elle cherche le contact avec les autres et ne demande qu'à être utile. Elle possède la preuve qu'elle peut vivre sans sa famille. Mais elle n'a pas encore formulé l'origine de sa phobie de l'école. Pour nous, elle essaie de recréer une fracture, comme celle qu'elle a connue lors du divorce de ses parents. Peut-être afin de pouvoir repartir sur de nouvelles bases.

Néanmoins, elle nous paraît prête à franchir une première étape. Tenter une reprise des cours mais tout en gardant l'hôpital comme point d'ancrage. Et pour l'aider, une infirmière l'accompagne à ses cours le matin. Le soir, retour de l'élève, toute seule, dans le service. Pour l'instant, l'hôpital est sa référence et doit la rassurer. Anna tient bon et reste en classe, sans flancher.

Pendant deux semaines, elle va savourer ce retour à l'école « sous contrôle ». Rentrée à 17 heures, elle est contente de nous raconter sa journée. L'accueil a changé. Son statut « d'élève hospitalisée » a calmé les plus virulents. La classe lui a même remis un poster en cadeau, signé par chacun des élèves et accompagné d'un mot gentil :

— J'ai l'impression qu'ils m'ont enfin acceptée, dit-elle.

Entre les deux semaines d'hôpital, un week-end tranquille à Dijon chez papa. Avec, bien sûr, un retour à l'hôpital le dimanche soir. Pour que le départ à l'école du lundi matin, le plus dur, soit balisé par notre équipe.

L'état de grâce se poursuit. L'anxiolytique prescrit dès l'entrée est même remis en question par Anna :

— Vous savez, je crois que je peux m'en passer maintenant...

Toujours ce souci de ne dépendre de rien, ni de personne. Je lui propose néanmoins de poursuivre jusqu'aux vacances de février.

Les entretiens psychologiques sont un vrai régal avec une fillette si sensible, réellement partenaire de sa prise en charge.

Le lundi de la deuxième semaine, je passe la voir avant son départ à l'école. Histoire de renforcer sa motivation. Je me permets une question :

— À ton avis, pourquoi as-tu pu reprendre l'école si facilement ?

Elle paraît ne pas avoir entendu. Son regard glisse vers la fenêtre. Le ciel est si pur qu'on voit les Alpes.

— Hou hou ! C'est le matin !

Elle sursaute et esquisse un sourire triste.

— Vous croyiez que c'était juste un caprice ?

Je secoue la tête et propose doucement :

— Non, mais je pense plutôt qu'il t'était difficile de quitter ta maison... et ta maman.

Son regard s'assombrit :

— Arrêtez d'imaginer que tout est de sa faute !

Je lui explique que c'est plus compliqué. J'évoque un conflit de loyauté qui entrave sa pensée. Qui empêche une adolescente, qui aime son père et sa mère, d'être heureuse lorsqu'elle est avec l'un. Et, sans l'autre.

— Ici, c'est nous que tu quittes le matin. Et même si je sais que tu nous aimes bien (elle sourit), rien à voir avec ce que tu ressens pour tes parents. Donc, pas d'état d'âme à nous laisser. Tu sais que l'on survivra à ton départ (re-sourire).

— C'est vous le médecin ! déclare-t-elle pour clore le chapitre, en s'emparant de son sac à dos.

La tête de Malika, son infirmière référente, relookée taxi scolaire pour l'occasion, passe la tête dans l'embrasure de la porte.

La deuxième semaine se déroule sans anicroches.

Reste à franchir la deuxième étape. Le retour à la maison. Je suis plutôt optimiste. Contrairement aux autres membres de mon équipe, qui me reprochent toujours d'aller trop vite. Selon eux, un mois de plus aurait été nécessaire.

En effet, Anna va craquer au bout de deux jours. À nouveau les crises d'angoisse, la gorge sèche et les tremblements, l'infirmerie et, au final, sa mère qui vient la chercher. Un retour à la maison, comme un retour à la case départ. Pas tout à fait…

La démonstration est éloquente, le problème ne vient pas de l'école.

Re-consultation en urgence avec les deux parents. D'emblée, ils m'agressent d'une même voix. D'accord, pour une fois.

— Ça n'a servi à rien votre hospitalisation, dit la mère qui n'a pas digéré l'isolement imposé.

— Ni votre médicament d'ailleurs, ajoute le père qui aurait préféré que je soigne sa fille par les plantes.

Ce matin-là, je ne suis pas d'humeur. Deux amis de mes enfants viennent de trouver la mort dans un accident de voiture. Fatigue, vitesse excessive ? Moi qui parle toujours des limites, des ados en équilibre sur un fil… je me sentais impuissant. Ivre de rage et de chagrin.

En tous cas, pas suffisamment disponible pour encaisser les reproches de ce couple, légitimement préoccupé. Je m'apprêtais à réagir de façon ferme et définitive, avec un sévère « Eh bien reprenez-la et faites mieux ! », quand Anna plante ses yeux gris dans les miens, comme un rappel à l'ordre. Une supplique. En un éclair, elle neutralise ma colère. Cela déclenche le souvenir d'un adage tant de fois transmis à mes confrères lors de mes conférences : « Ne blâmez pas les victimes. Quand un adolescent va mal, si la première victime c'est lui, la seconde, ce sont ses parents. » À l'évidence, leur réaction excessive est à la hauteur de leur inquiétude.

Je fais volte-face :

— Vous avez raison. Le retour de votre fille était sans doute prématuré. On va recommencer…

— Je ne supporterai pas une nouvelle séparation, intervient la mère d'un ton sans appel.

Je négocie.

— Anna dormira chez nous pendant les trois semaines qui nous séparent des vacances. Nous l'emmènerons à l'école le matin. Sa maman la ramènera le soir. Vous pourrez ainsi passer trente minutes ensemble.

Dans le deal, je souhaite également la mise en place d'une thérapie familiale. Des rencontres une fois par mois avec un psychiatre extérieur à l'hôpital. Il les aidera à mieux comprendre leur fonctionnement. Plus une thérapie individuelle pour Anna. Et pour l'an prochain, je propose un internat de semaine à Chalon-sur-Saône. L'endroit est volontairement choisi à mi-chemin entre son père et sa mère. J'ajoute à l'intention du père :

— Si Anna reprend l'école normalement après les vacances d'hiver, nous arrêterons le médicament.

La jeune fille les regarde l'un après l'autre. Elle les implore plutôt. Ce contrat lui convient. Plus que ça, il la libère. Ce n'est plus à elle de choisir. Sans doute apprécie-t-elle que, pour la première fois, ses parents aient trouvé un terrain d'entente. Coude à coude pour s'en prendre au médecin. Une façon de réorienter leur agressivité. La faire glisser du couple vers une autre cible. L'union sacrée en somme, grâce à laquelle Anna va pouvoir, peut-être, commencer à se re-construire.

21. L'adolescent déprimé

La particularité de la dépression chez l'adolescent est d'avancer masquée. Pire encore, non seulement elle ne se voit pas mais l'ado lui-même n'en a aucune conscience. Jamais il ne déclare : « Je suis déprimé. » Au contraire. Il est plutôt du genre à vous serrer la main et à répondre tranquillement : « Oui, ça va ! » D'où notre crainte, à chaque consultation, de passer à côté. Les conséquences en sont graves et irréversibles, avec une menace sérieuse, le suicide. Pour un clinicien, l'approche d'un ado prend des formes particulières. Il lui faut, de façon incontournable, explorer son humeur : « Est-ce que la vie est difficile pour toi en ce moment ? » Mais aussi ses habitudes alimentaires : « Tu manges à table ou tu grignotes, seul ou en famille ? » Et sa sexualité : « Est-ce que cela te pose un problème, est-ce que tu as des questions sans réponses ? »

Être à l'écoute

En priorité, entendre ses doléances. Prendre au sérieux, les maux de ventre mystérieux, les TOC[1], les pensées jusqu'au-boutistes. Toujours se demander si un comportement agressif, violent ou provocateur n'est pas la face visible d'une dépression

---

1. Voir chapitre « Zoé et ses ennemis intérieurs ».

larvée. Dans ce cas, l'hostilité de garçons de quinze ou seize ans est une mascarade trompeuse qui retarde le diagnostic. Sa conduite entraîne la sanction. Puis l'exclusion. Conséquence, il va encore plus mal. Son hostilité monte d'un cran. Au final, le dépressif fait le vide autour de lui. Plus personne ne le supporte alors qu'au contraire c'est de compréhension qu'il a besoin. On ne le dira jamais assez : **les conséquences de la dépression aggravent encore le phénomène dépressif.** Elle doit donc être dépistée le plus tôt possible. Au risque d'enraciner ce regrettable malentendu.

Ne pas confondre tristesse et dépression

N'oublions pas que la tristesse fait partie du paquetage que l'ado emporte avec lui dans sa traversée vers l'âge adulte. Car il va lui falloir lutter pour ne pas revenir au temps béni des doudous. Finies, les balades sur les épaules de papa et la maîtresse de maternelle qui console. Cette époque protégée de l'enfance, il doit en faire le deuil. Devenir grand, ce sera dur parfois. Voire davantage si ce passé a été douloureux. En effet, si les liens tissés dans son histoire précoce n'ont pas été suffisamment rassurants, du fait de parents peu disponibles ou absents, voire dépressifs, l'adolescent en sera d'autant plus fragilisé.

Les pistes à suivre

Tout d'abord, les enfants ne sont pas tous à égalité face au risque dépressif. Dès la naissance, leur équipement neurobiologique les rend plus ou moins perméables à la tristesse. Ils vont être plutôt vulnérables ou plutôt « incassables ». Une question de tempérament, liée à l'hérédité. Mais ce n'est pas suffisant pour expliquer la survenue de la dépression. Juste une

« vulnérabilité génétique ». Une prédisposition qui implique de rechercher des antécédents dans la famille.

Ensuite, son parcours de petit enfant va jouer un rôle. Resurgir pour parfois orienter son comportement à l'adolescence. Sa mère a-t-elle été prévisible, ou pas. A-t-elle su apaiser ses peurs et le sécuriser suffisamment ? Selon Serge Tisseron[1], « … l'idée d'une sécurité psychique de base constituée dans la petite enfance permet plus tard de mieux surmonter les difficultés de la vie, voire d'éventuels traumatismes ». Le souvenir d'un attachement pas suffisamment rassurant peut entraîner l'ado dans l'addiction à l'alcool, le cannabis ou les jeux vidéo. La meilleure façon pour lui de retrouver un lien sécurisant, de compenser le manque, avec l'illusion momentanée de le contrôler.

Et l'environnement joue un rôle bien sûr. Avec des situations plus ou moins sources d'inquiétude pour lui. Il s'agit de toutes les pertes, un déménagement, un changement de collège. Mais aussi une déception sentimentale, un conflit de copains. La perte de ses illusions, les parents qui divorcent, l'échec scolaire. Autant de microtraumatismes qui, ajoutés les uns aux autres peuvent précipiter l'ado dans la dépression.

C'est l'association d'une vulnérabilité génétique, de carences de la petite enfance et d'un environnement déstabilisant qui conduit à la dépression. Un boulevard à trois voies qu'emprunte cette maladie de l'humeur pour faire son lit. Chacune doit être explorée de façon approfondie, sans jamais oublier qu'elles sont fortement imbriquées et indissociables.

Fatigue, ennui, irritabilité

À l'adolescence, ils sont tous comme ça : irritables, désœuvrés, fatigués. Mais seulement à la maison. C'est là toute

---

1. *Virtuel mon amour*, Albin Michel, 2008.

la différence. L'ado déprimé va exporter sa morosité et son hostilité partout. Au sport, avec les copains, en vacances. Son humeur dépressive n'est pas sensible au contexte. Chez lui, l'ennui est constant et l'agace. Cette « attente vague de quelque chose et l'incapacité à tolérer cette attente[1] » deviennent une perception douloureuse, qu'il a du mal à verbaliser. Le plus souvent, il nie sa tristesse : « Non, moi je vais très bien ! » En revanche, il a l'impression que le monde entier est contre lui.

Une pensée accaparée

Sur son visage, la dépression n'est pas visible. Il ne montre pas d'emblée cet air soucieux que peuvent avoir les adultes déprimés. Chez l'ado, il faut plutôt attaquer le terrain des pensées pour progresser dans le diagnostic. En créant un climat d'empathie. Et pour ouvrir le dialogue, aborder de préférence des sujets périphériques. Ses loisirs, le sport qu'il aime pratiquer. Ou qu'il vient de laisser tomber. Ensuite, si les conditions du dialogue sont réunies, on peut envisager une intrusion dans ses pensées, et l'amener doucement à exprimer ses tourments. Jusqu'à cette conclusion qui signe la dépression : tout est nul ; le monde, son propre avenir et lui-même bien sûr.

Côté comportement, si l'adulte déprimé est inhibé et manifeste un ralentissement dans sa vie de tous les jours, l'ado est surtout affecté dans ses idées. Le psychiatre Maurice Corcos[2] le confirme : « La dépression de l'ado est plus psychique que motrice. » En effet, ce trouble de l'humeur entraîne chez le jeune des problèmes de concentration et de manque d'attention qui entravent ses études et perturbent son jugement.

---

1. *Psychopathologie de l'adolescent*, Daniel Marcelli, éd. Masson, 2005.
2. Institut Mutualiste Montsouris, Paris.

Qui envahit le quotidien

Anxiété, troubles du sommeil et plaintes sont les autres indices évocateurs de la dépression chez l'ado. Alors que chez l'adulte, l'anxiété est une pathologie à part entière, chez l'ado, elle est peut-être le signe avant-coureur d'une dépression. En tête, la phobie sociale. Le jeune n'ose pas prendre la parole, il ne supporte pas le regard des autres : « Ils vont voir que je suis vide. » Il est sujet aux crises d'angoisse qui peuvent évoluer vers des attaques de panique. Il respire mal, son cœur s'accélère, il a peur de s'évanouir. Dans ces moments-là, c'est le corps qui parle pour nier la réalité. Son sommeil prend également le dessus et le tyrannise. Lui impose nuits blanches et fatigue la journée. Puis l'inverse le lendemain. Son rythme de vie devient chaotique et imprévisible. S'ensuivent des plaintes et une aigreur récurrentes, à haute valeur symbolique : « Ça me prend la tête. » Ou encore : « J'ai peur d'étouffer. » Ces signaux peuvent même évoluer vers la dysmorpho-phobie. À savoir, l'obsession qu'une partie de son corps est disgracieuse, voire anormale : « Vous ne trouvez pas que j'ai des doigts trop gros ? » Celui-ci vient en effet dans la terreur du regard des autres car il ne supporte pas d'être pris en défaut.

Un long travail d'investigation

Puisque l'ado ne va jamais dire qu'il est déprimé, à nous d'y penser et d'en trouver l'origine. Que s'est-il passé à un moment donné ? Y a-t-il eu rupture dans le quotidien ? Quand ? Il faut l'aider à mettre le doigt sur l'événement perturbateur. Ce n'est pas si simple car rappelons qu'il n'a pas conscience de sa maladie. Et que plus grand-chose ne l'intéresse. Sans oublier que certains s'enferment dans une sorte de mutisme. C'est pourquoi il existe des échelles d'évaluation[1] qui nous permettent de progresser dans le diagnostic. Peu connus et souvent peu estimés des psychiatres, ces outils sont pourtant précieux à divers titres. L'ado inhibé ou phobique du contact se prête volontiers à l'exercice, et parvient ainsi à livrer des indices qui vont mettre le médecin sur la voie. Ces tests, utilisés dans les protocoles de recherche, servent de support à l'entretien clinique et permettent de l'enrichir. Comme dans une enquête, chaque réponse fait l'objet d'une relance et ainsi les zones d'ombre s'éclairent peu à peu : « Tu as écrit que tu voudrais que ça change. Mais qu'est-ce que tu voudrais qui change en priorité dans ta vie ? »

Ne pas négliger non plus que ces tests évitent l'éventuelle subjectivité du médecin. En effet cette évaluation standardisée est un complément dans la démarche diagnostique, elle permet au clinicien de s'affranchir du risque d'une interprétation erronée. D'être dégagé d'éléments pouvant influencer son jugement. Autre avantage, trois mois après il est possible de les soumettre une nouvelle fois à son auteur, afin de comparer les résultats. Et surtout de les commenter avec l'ado : « Tu te souviens, tu avais marqué que tu n'avais plus du tout envie de lire, apparemment ce n'est plus le cas aujourd'hui. » Il devient alors plus facile de renouer le dialogue, d'évaluer les changements opérés et d'orienter la prise en charge.

---

1. Elles sont de deux types. L'échelle « d'auto-évaluation », c'est l'ado lui-même qui apprécie ses aspects dépressifs à travers une série d'items. Exemple : « Je me sens tendu ou énervé. » Ou : « Je ne m'intéresse plus à mon apparence » – plus du tout-plus vraiment-autant qu'avant. Répondre de 0 à 3 selon un ordre croissant. L'échelle « d'hétéro-évaluation » est remplie par le médecin qui pose des questions à l'ado. Les deux échelles sont complémentaires et permettent d'engager le dialogue entre le médecin et son jeune patient.

« L'IRM du psychiatre »

Si le doute persiste, l'arme absolue se trouve dans les tests de personnalité. Parmi les plus utilisés, le Rorschach[1] et le TAT (Thematic Aperception Test), des tests projectifs qui permettent de mettre en perspective la réalité et l'imaginaire du jeune patient. Dans le TAT, le psychologue présente à l'adolescent des planches en noir et blanc, sur lesquelles se dessine une situation. À lui de dire ce qu'il voit. Impossible de tricher dans les réponses, elles sont factuelles, spontanées, cri du cœur. Dans tous les cas, des outils précieux pour diagnostiquer une dépression ou une psychose.

Un arsenal diagnostique

Échelles et tests de personnalité permettent en outre de démarrer la prise en charge thérapeutique. Ces techniques, qui en disent long sur le mal-être d'un ado, ouvrent le dialogue et surtout donnent du sens. Une source de réconfort pour des parents désemparés face à un enfant-mystère : « Peut-être ne sommes-nous pas entièrement responsables de son mal ! » Apprendre qu'ils ne sont pas fautifs et qu'il ne s'agit pas forcément d'un échec éducatif peut leur permettre d'initier le changement. En adaptant leur comportement, ils vont contribuer à la démarche thérapeutique. Accompagner au lieu de sanctionner, sans toutefois cautionner les écarts.

Néanmoins, échelles d'évaluations et tests de personnalité ne doivent pas remplacer le sens clinique du thérapeute. Ce ne sont que des outils. Ils font partie d'un arsenal qui s'appuie sur la qualité de la relation nouée dans le cabinet de consultation.

---

1. Le **test de Rorschach** est un outil d'évaluation psychologique de type projectif qui consiste en une série de planches sur lesquelles sont dessinées des taches symétriques et qui sont proposées à la libre interprétation de la personne évaluée. Les réponses fournies serviront à définir sa personnalité.

Et dans les cas sévères d'ados hospitalisés, ils viennent enrichir le croisement de regards de tous les adultes qui ont côtoyé le jeune patient pendant la semaine, jusqu'à la synthèse finale.

De plus, ces tests et évaluations sont également très prisés des médecins de famille. La copie des résultats prend place dans le dossier du jeune patient.

Des conseils

Si l'un des catalyseurs de la dépression a été identifié, il est possible d'en corriger l'impact. Et parfois de simples conseils suffisent.

> Sébastien, quinze ans, a pu découvrir que l'absence de son père, obligé de s'éloigner pour son travail, lui avait rappelé douloureusement sa première hospitalisation. La mise en place de rendez-vous téléphoniques réguliers entre le père et le fils a été rapidement apaisante. De même que la suggestion d'une activité à partager chaque week-end.

L'essentiel est de prendre des décisions. Parfois à la place de la famille pour éviter le conflit de loyauté des enfants vis-à-vis de leurs parents.

Autre exemple :

> Éléonore, seize ans, qui souhaitait secrètement être inscrite dans un internat, n'osait en parler à sa famille. En fait, ses parents ne parvenaient pas à faire un choix entre l'éloignement et l'intérêt personnel de cette jeune fille qu'ils trouvaient trop dépressive, sans se douter une seconde que c'est justement la crainte de les peiner qui l'attristait. J'ai pris la décision pour eux. Il a suffi de trancher à sa place pour la libérer de cette responsabilité trop lourde pour elle.

L'ADOLESCENT DÉPRIMÉ

Spécifique ado

Les conseils de guidance ne suffisent pas, il faut aller chercher les clés plus en profondeur. Prescrire une prise en charge psychologique à plus long terme. C'est l'indication légitime pour un ado qui s'exprime volontiers et qui a conscience de sa souffrance. Dans le cas inverse, inutile de lui proposer une thérapie individuelle, il risque de rompre définitivement avec la psychothérapie. Des techniques de « médiation[1] » pourraient lui convenir. Comme l'« Arthérapie », où les arts plastiques servent de support pour communiquer.

Certaines équipes proposent également des thérapies familiales, où l'ensemble de la famille est reçu une fois par an par deux thérapeutes. Ou encore le psychodrame qui utilise le jeu dramatique et nécessite plusieurs soignants avec l'avantage d'une « diffraction du transfert[2] ». Ainsi enrichir les interprétations.

9 % des ados

C'est le pourcentage des ados qui connaissent un épisode dépressif établi. La dépression progresse avec l'âge : 1 % des enfants avant deux ans, 5 % avant six ans, 9 % à partir de l'adolescence, avec deux filles pour un garçon. Auparavant, la proportion entre les deux sexes est identique. Ce trouble spécifique de l'humeur augmente depuis le siècle dernier. En partie parce qu'il est mieux dépisté. Mais aussi pour des raisons sociétales : avenir incertain, chômage, pertes des repères familiaux. En revanche, une meilleure prise en charge, plus rapide et plus efficace aujourd'hui, a permis de diminuer le taux de suicides,

---

1. Des techniques pour médiatiser la relation entre le thérapeute et son patient.
2. Le terme est de Ph. Jeammet et de X. Corcos de l'institut mutualiste Montsouris à Paris.

167

passé sous la barre des six cents par an en 2006-2007. Des campagnes d'information auprès des médecins et dans les écoles apportent également leur contribution à cette évolution favorable.

Psychotropes

Quand une jeune fille se scarifie, quand un jeune garçon qui s'est battu a proféré des menaces. Qu'en outre, il a été détecté chez chacun une tendance dépressive, ce peut être une erreur de ne pas proposer un psychotrope. Un antidépresseur, particulièrement justifié à condition de vérifier que l'ado ne souffre pas d'une autre pathologie, plus complexe, comme la schizophrénie par exemple. Aujourd'hui, preuve est faite qu'il n'y a pas d'accoutumance. La prescription est d'un mois, au moins, sans toutefois lâcher le jeune patient dans la nature. Il doit s'engager à donner de ses nouvelles. Comme il le souhaite, Internet ou Facebook. Car il est fondamental de lui fournir un repère dans le temps. L'aider à se raccrocher à une notion palpable : « J'attends un message de toi dans une semaine. » Par là, on vérifie l'apparition d'effets secondaires éventuels[1]. Dans une grande majorité des cas, l'ado, de retour en consultation, est nettement moins irritable. Il accepte l'entretien. On s'aperçoit également qu'il a tendance à oublier progressivement de prendre son traitement. Peut-être a-t-il trouvé un autre moyen de s'apaiser, c'est aussi la preuve qu'il va déjà mieux. Les psychotropes sont nécessaires dans les cas graves. Ils stoppent le processus d'une crise qui s'auto-alimente, et ouvrent le champ du dialogue. Ils provoquent cette impression d'un bou-

---

1. Paradoxalement, les anciens psychotropes, les seuls autorisés actuellement chez l'ado, sont potentiellement toxiques en cas de surdosage, en particulier sur le plan cardiaque. En revanche, les nouvelles molécules dont le chef de file est le Prozac, et non autorisées avant dix-huit ans, ne présentent aucune toxicité.

chon qui saute et permet à son contenu de jaillir. L'adhésion des parents doit être totale. Ce n'est pas toujours le cas.

L'hospitalisation

Quand rien ne marche, reste la mise à distance, hors contexte familial et social. Souvent décisive, l'hospitalisation s'impose pour la sécurité du jeune patient. Elle apporte en général un apaisement rapide. L'objectif est de minimiser le risque de passage à l'acte suicidaire, bien réel en cas de dépression sévère[1]. Notre responsabilité est de l'explorer et d'en évaluer l'intensité. Pour cela, il convient de rechercher les facteurs « protecteurs », à savoir les raisons qui pourraient empêcher l'ado d'agir. Elles peuvent aller des convictions religieuses à la perception de son rôle dans la famille. Il déclare dans ce cas : « Non, je ne pourrai jamais faire ça à mon petit frère. » En revanche, des situations peuvent être « favorisantes ». Il a quinze ans, il est devenu « *no-life* » et se considère sans avenir, s'il habite au quinzième étage d'une tour, le passage à l'acte est à portée de main. Toujours se méfier de ces éléments qui se banalisent dans l'univers quotidien, comme le fusil de chasse de papa dans le coin du salon. Parfois il peut donner des idées. À explorer également, les facteurs « précipitants ». Ils sont intrinsèques et liés à la personnalité du junior. S'il a tendance à paniquer très vite, à mal se contrôler, on peut imaginer qu'il sera en danger une fois confronté à une situation de crise. Avoir une réaction violente par exemple, face à une éviction scolaire, un deuil ou le divorce des parents.

---

1. Même si l'on sait que la moitié des personnes suicidées n'étaient pas forcément déprimées. C'est l'impulsivité qui est le plus souvent responsable de l'acte dramatique.

Le contrat

L'idée du contrat passé avec l'ado suicidaire est tout d'abord de ne pas passer à côté. Imaginer que l'ado en face de soi serait capable de passer à l'acte. Pas simple. Cette perspective est si violente que le risque est de l'éluder. Ne pas la voir. Ensuite, cessons une bonne fois pour toutes de penser que le fait d'aborder le suicide va en donner l'idée. Aujourd'hui, il y a consensus dans le milieu médical, il nous faut être direct et parler vrai. L'époque actuelle est celle du vécu, de l'instantané et de l'image-vérité. L'ado y a pris ses habitudes, c'est son monde. Il faut utiliser son langage, tout en gardant la distance nécessaire de l'adulte. Enfin, s'enquérir de ses pensées suicidaires avec suffisamment de tact pour obtenir la réponse juste. Gagner la confiance d'un ado, c'est la première étape. Après, reste le plus difficile : qu'il exprime ses tourments tels qu'il les ressent. Avec le plus d'exactitude possible. Seul moyen de l'aider à sortir de sa détresse.

Brèves de consultation

L'entretien se fait à mi-voix, les yeux dans les yeux.
— Tu es en train de me dire que ta vie est difficile ?
— Oui.
— Y a-t-il dans ta vie plus de moments négatifs que positifs ?
— Oui.
Le fait qu'il réponde « oui » est une incitation à poursuivre.
— Est-ce que parfois tu penses que si tu ne vivais pas ce serait mieux ?
— Oui.
— Tu le penses vraiment ?
— Oui.
— Tu préférerais être mort ?

L'ADOLESCENT DÉPRIMÉ

— Oui.

Arrive la question clé.

— Est-ce que tu pourrais te supprimer ?

— Non !

Comme un cri du cœur, dans la plupart des cas ils répondent « Non ».

Reste à vérifier les éléments « protecteurs ».

— Et pourquoi tu ne le ferais pas ?

« Parce que je n'ai pas le courage » ou « Parce que je ne peux pas m'imaginer blessé ou mort » ou encore « Parce que je ne peux pas faire ça à ma mère ».

À partir de là, le dialogue est possible. Je lui dis qu'il est possible de l'aider, le débarrasser de ses tourments. Il est d'accord, on a réussi à faire sauter un verrou.

L'entretien se poursuit en revanche avec l'ado qui a répondu « oui » à la question : « Est-ce que tu pourrais te supprimer ? »

— Ça me panique vraiment ce que tu me dis là, je n'imaginais pas que tu pouvais souffrir à ce point.

Ma réponse est à la hauteur de son angoisse. Je peux ensuite lui demander :

— Qu'est-ce qui est si dur dans ta vie ?

Je vais dans son sens. Je partage son désir de mort. Surtout lutter contre le réflexe naturel de dire : « Mais non regarde il fait beau, c'est les vacances ! » Il se fermerait tout de suite.

À ce stade, il faut essayer d'évaluer son degré d'engagement dans la tentation suicidaire.

— Est-ce que tu as déjà imaginé comment tu pourrais le faire ?

— Oui, je sais où est le fusil du grand-père.

— C'est terrible que tu imagines une chose pareille, qu'est-ce qui te tracasse à ce point pour en arriver là ?

— Je ne sais pas… ça ne va pas à l'école, ça ne va pas à la maison… je me sens vraiment nul, j'ai l'impression que personne ne peut s'intéresser à moi.

— Je comprends mieux ce que tu veux dire. En fait ce n'est pas que tu n'as pas envie de vivre, c'est que tu souhaites vivre autrement.

C'est en partageant ses problèmes, sans les minimiser, que l'on arrive à se faire accepter et à créer un climat d'ouverture. Afin de pouvoir mettre en place des solutions. Je lui fais promettre de m'appeler dans deux jours et je ne vais pas le lâcher. Surtout pas.

Poser le diagnostic de la dépression est complexe, au moment où la tristesse fait partie intégrante du nouveau visage que prend l'adolescence. À l'inverse, c'est aussi à l'époque de la puberté que des troubles de l'humeur plus sévères et méconnus jusque-là peuvent se déclencher. La survenue de la dépression à un moment clé du développement des jeunes pose un problème majeur de santé publique. L'objectif thérapeutique est double. Il s'agit d'apaiser la souffrance psychique du jeune patient, de permettre sa réintégration sociale mais également de l'aider dans la poursuite vers l'autonomie. En effet, la dépression entrave l'épanouissement de l'adolescent et retarde la construction de sa personnalité future. Elle doit être diagnostiquée le plus tôt possible. De nombreuses prises en charge thérapeutiques existent aujourd'hui. Elles sont variées, de plus en plus efficaces et adaptées à chaque cas... qui prennent parfois des formes qui nous surprennent toujours...

22. Karen, la princesse au « petit pois »

— Tu m'en veux toujours ?

Karen plonge ses yeux dorés dans les miens et lâche fermement :

— Oui, beaucoup, et pour toujours !

Elle éclate d'un rire enfantin, rejetant sa tête en arrière. Une nouvelle fois, elle me fait marcher...

Je contemple cette jolie jeune femme de vingt-cinq ans qui a demandé à me revoir en urgence, dix ans après. Un visage de madone, de longs cheveux blonds ondulés, des yeux curieusement jaunes et rieurs. Grande, juste encore un peu mince...

— Mais non, je rigole, je suis simplement venue vous dire merci, et vous présenter Joey...

À ses pieds, dans un couffin, un bébé de trois mois dort, paisible...

— Mais je n'oublie rien, je n'oublierai jamais...

Pour la première fois, un voile d'amertume obscurcit l'ambiance, et me replonge dans mes souvenirs. Voyons...

Trente et un kilos pour un mètre soixante-huit...

Je me rappelle l'adolescente de quinze ans adressée par le service de réanimation pédiatrique. Son arrivée avait affolé même les plus expérimentés de mes collaborateurs.

Il faut dire que 31 kg pour 1,68 m, cela ne passe pas inaperçu !

Une silhouette décharnée qui agresse le regard, et rappelle les images les plus sombres de l'histoire du XXᵉ siècle. Un corps rêche, osseux, minéral, dont les parties les plus saillantes sont paradoxalement exhibées : tee-shirt sans manches révélant des bras sans formes, minijupe outrancière et bottes à talons rehaussant encore la taille... Et surtout ce regard, seule part de vie : noir, farouche, décidé, fermé, provocateur, style : « Essayez vous aussi, de toutes façons, je n'ai besoin de rien, ni de personne... »

C'était il y a dix ans, mais cela me paraît à des années-lumière, tant la jeune femme qui me fait face est féminine et rieuse, fière d'elle et de son bébé.

Elle sourit à nouveau.

— Je n'oublierai jamais..., répète-t-elle.

Moi non plus d'ailleurs. Comment oublier cette adolescente qui se laissait mourir avec un détachement incompréhensible.

Le premier examen clinique confirme le diagnostic d'anorexie mentale sévère, et l'urgence d'une prise en charge adaptée. La peau sèche est glaciale, livide sauf aux points d'appui (sacrum et talons), où des rougeurs font craindre la survenue d'escarres. Un duvet noir commence à recouvrir le dos, vestige phylogénétique d'un organisme qui, sentant venir la famine et le froid, se protège. La fonte musculaire des cuisses est dramatique, et contraste curieusement avec le gonflement, faussement rassurant, des mollets. En fait, ce sont des œdèmes de carence, qui signent le manque de tout. Et confirment la gravité.

Je poursuis l'examen, en commentant chaque geste, chaque indice. Tous les clignotants sont au rouge. Le corps souffre en silence. Le pouls est en dessous de 50 battements par minute, la tension est inférieure à 8...

Le reste du bilan est normal : pas de signes évocateurs d'une maladie intestinale ou d'une tumeur cérébrale. Cet amaigrissement n'a pas de causes identifiables...

De l'autre côté du paravent, les parents sont mortifiés... Pas besoin de mots, ils savent.

C'est plus pour Karen que j'annonce le diagnostic.

— C'est une anorexie mentale...

La maman pleure doucement, le papa est pétrifié. Ça fait déjà plusieurs semaines qu'ils sont au bout du bout...

« Vous la gardez ?... »

Ce n'est même pas une question, juste une supplique ! Comment ne pas l'entendre, après des mois d'errances médicales, de diagnostics tronqués, de tentatives de prises en charge, savamment avortées par l'adolescente. Toujours une bonne raison pour récuser le psychiatre qui ne parlait pas, la psychologue qui ne s'intéressait qu'à sa famille, ou encore le groupe de jeunes filles qui étaient « bien plus malades qu'elle » !

Quant au médecin généraliste, premier recours logique car il avait accompagné la fillette depuis ses premiers pas, il est désemparé, coincé entre le désir de ne pas dramatiser et l'urgence. Son désarroi transparaît dans son courrier, laconique :

« Je te confie Karen H, qui a épuisé toutes nos possibilités de soins... Merci de ton aide. »

Je lève les yeux sur Karen, si chétive et pourtant triomphante. Je me sens scruté, scanné, avec un message télépathique et moqueur, genre « Tente ta chance, toi aussi... ».

— Oui, on va la garder, bien sûr, mais après l'avis de notre pédiatre.

C'est la règle que nous nous sommes fixée. Pas de soins psychiques tant que l'état physique relève encore d'un service de réanimation. Pour ne pas être parasités par le risque vital, et éviter ainsi trop de manipulations. L'objectif est de travailler l'esprit serein. Seuls des soignants rassurés peuvent être rassurants !

Ce jour-là, l'IMC[1] est à 14, à la limite inférieure que nous avions fixée. Karen va rester chez nous jusqu'à sa guérison.

Le soulagement est perceptible du côté des parents. Ils ont tant de choses à nous confier : leur fille, leurs inquiétudes, leur culpabilité et les tensions qu'ils accumulent depuis trop long-temps. Mon équipe sera le réceptacle de ce fardeau. Le soin commence à cet instant. D'ailleurs, ils acceptent tout : l'isole-ment de leur fille, sans autorisation de la voir ni de lui parler ; les consultations hebdomadaires avec moi ; le projet de prise en charge en « contrat à durée indéterminée ». En effet, impos-sible de déterminer un délai, l'hospitalisation peut durer de quelques mois à une année.

Autorisé à accompagner Karen jusqu'à sa chambre, le couple traverse le service sans un regard pour les autres enfants qui dévisagent « la nouvelle ». Je laisse quelques instants cette famille seule, mais j'imagine aisément l'adieu « glacial » et le baiser furtif de leur fille, plein de sous-entendus : « Vous me le paierez plus tard ! »

Le pire était à venir

Ma première confrontation en tête à tête avec Karen annonce la couleur de nos futurs échanges. Comme souvent lorsque je suis inquiet pour un enfant, j'en fais trop. Mon désir d'aboutir trop rapidement à un changement et d'entrevoir la guérison surcharge mon discours qui dégouline d'empathie. Karen se charge illico de me ramener à la réalité. D'une main autoritaire, elle mime le « stop », et ajoute perfide :

— C'est quoi cette logorrhée[2], c'est pas habituel chez les psys !

---

1. L'Indice de Masse Corporelle est égal au poids divisé par la taille au carré. On parle d'obésité lorsque l'IMC est supérieur à 30 et de maigreur lorsqu'il est inférieur à 15.
2. Un flux de paroles.

Où a-t-elle appris ce mot ? Probablement dans les lectures psycho-philosophiques dans lesquelles elle s'immerge des nuits entières.

D'un côté, cela me rassure. L'intellect marche bien. Trop sans doute ! Mais sur le plan de l'alliance thérapeutique, c'est loin d'être gagné...

Ce souvenir est si fort que j'ai besoin de le partager avec Karen, version guérie.

— Tu te souviens de notre première rencontre ?

Elle prend le temps de la réflexion et, l'œil rieur, savoure sa réponse :

— Je vous détestais, déjà...

De fait, ce jour-là, elle m'écoute distraitement lui expliquer les modalités de l'hospitalisation. Avec le détachement du condamné auquel on expose ses droits...

Je me souviens de sa mâchoire crispée, de tous ses muscles tendus à l'extrême, de sa volonté farouche de ne laisser passer aucune émotion, genre « cause toujours »... Seule l'annonce de la pesée bi-hebdomadaire semble réveiller une lueur haineuse et un soupçon de détresse. Je fais mine de ne rien voir et poursuis l'exposé de son emploi du temps. Pas de sortie dans le parc ; isolement dans sa chambre la journée sauf deux heures matin et soir en salle de jeux ; tous les repas pris en chambre, en compagnie d'une infirmière référente ; une psychothérapie deux fois par semaine avec une psychologue qui n'intervient pas dans le programme imposé pour éviter toute manipulation. Et nos rencontres, une fois par semaine, pour décider des modifications dans son mode de vie : aménagement du cadre, élargissements des temps en groupe, activités extérieures, puis accès au téléphone, permissions, sortie. Toute une gradation au rythme de ses progrès. Et pas uniquement en fonction du poids, mais plutôt de sa capacité à critiquer son comportement, à formuler ses émotions, à identifier sa pathologie, à accepter les conseils. Bref, à fonctionner avec l'autre, à s'autoriser à grandir, enfin.

On en est loin, et je sais que nous avons signé pour plusieurs mois. Pour le meilleur...

Pour l'instant, Karen se trouve grosse, voire énorme, surtout ses cuisses... Et elle n'est pas prête à se remettre en question.

Je conclus ce premier entretien par un optimiste « Je crois en toi ». Sans réciproque, vu la moue dubitative qu'elle affiche malgré elle.

Je sais que le plus dur reste à faire. Arriver à communiquer avec la petite fille saine qui est masquée par la maladie...

— Tu m'as vraiment détesté dès le premier jour ?

— Oui, mais le pire était à venir...

À nouveau ce rire cristallin qui lui a sans doute tant manqué pendant ses années noires.

Elle jette un coup d'œil sur le couffin qui s'agite et m'interpelle malicieusement :

— Vous permettez ?

Et sans attendre ma réponse, avec la même impudeur qu'il y a quelques années lorsqu'elle exhibait son corps martyrisé, elle dégrafe son soutien-gorge et allaite son bébé. Joli clin d'œil pour me faire partager sa réconciliation avec la féminité !

Le pire ! Elle a raison, la suite de l'hospitalisation a été terrible. Nous mélangeons gaiement nos souvenirs, évoquant une prise en charge spectaculaire qui a duré neuf mois et demi.

Tour à tour, nous en rajoutons dans la surenchère d'une partition dramatique, jouée à plusieurs mains.

Attacher pour libérer

— Et lorsque vous m'avez attachée sur mon lit pendant trois mois ! Franchement, j'ai trouvé ça barbare...

Je n'avais pas vraiment eu le choix.

Deux semaines après son entrée fracassante dans le service, Karen reperd encore un kilo ! Une façon de fêter son arrivée, et de rappeler au passage que le chef n'est pas forcément celui que l'on croit !

Elle ne mange pas, ou si peu... Elle ne parle pas à ses référentes, ni à son psychologue, parfois elle s'adresse de façon méprisante aux autres adolescentes. Quant à moi, je suis transparent. D'ailleurs, elle n'a rien à me demander lors de nos consultations hebdomadaires, alors que les autres jeunes filles anorexiques attendent ces entretiens avec impatience. Elle semble n'avoir besoin que d'eau fraîche, puisqu'on lui interdit l'amour de sa mère. Son corps diaphane semble disparaître jour après jour. En fait, physiquement, elle n'existe déjà plus. Elle n'est qu'un cerveau brillant, affûté, cadenassé.

Après trois semaines de ce régime « sec », je commence vraiment à m'inquiéter, malgré la réassurance de mon équipe qui en a vu d'autres.

Je prescris alors une alimentation « entérale » par sonde naso-gastrique. Un aveu d'impuissance, puisque Karen va être nourrie malgré elle, mais un geste indispensable à ma sérénité psychique. Je ne peux plus la laisser poursuivre son auto-destruction. Contre son gré, Karen va alors recevoir quatre fois par jour l'équivalent d'un demi-verre[1] d'un produit de « rénutrition », préparé par nos « chefs » nutritionnistes. Les infirmières lui posent une sonde qui passe par le nez et se prolonge jusqu'à son estomac. Elle doit la garder jour et nuit. Les jeunes filles concernées font souvent preuve de coquetterie en attachant cet appendice peu esthétique derrière l'oreille. Certaines semblent même éprouver une certaine satisfaction à se montrer ainsi. J'ai pu constater le même plaisir exhibitionniste lors d'une émission de Jean-Luc Delarue sur France 2.

Pour la première fois, je passe un week-end tranquille, persuadé d'avoir interrompu la chute pondérale, et évité le risque vital. Lundi soir, c'est sûr, elle aura pris du poids.

---

1. Exactement 100 millilitres.

Las ! Elle ne fait plus que vingt-huit kilos ! À l'annonce de son amaigrissement, malgré six « assistances alimentaires[1] » successives, Karen jubile. Nous apprendrons un peu plus tard, par dénonciation, les stratagèmes qu'elle utilise pour contourner le risque de prise de poids : vidange de la sonde dans les toilettes et par la fenêtre après fermeture des WC. Puis, remplissage des tubulures de son lit, savamment dévissées, une fois seule dans sa chambre ! C'est l'infirmière de nuit qui a donné l'alerte. Chaque soir vers minuit, Karen effectuait mille pompes et mille abdominaux sous son lit, afin de perdre les quelques calories ingérées malgré elle. La contention devient une urgence vitale.

Karen est désormais « maintenue[2] » sur son lit pendant trois heures après chaque assistance alimentaire. Si la nature des liens n'est pas violente, il s'agit de bandelettes de gaze élastiques, qui empêchent de se lever mais laissent la possibilité de lire et d'écrire, l'intention a le mérite d'être claire. Ce n'est plus l'adolescente qui décide...

Pour la première fois, Karen reprend du poids. Pour la première fois, lorsque je pénètre dans sa chambre, son visage exprime une émotion. Une infinie tristesse face à cette perte brutale de contrôle, mais aussi, et elle me le confirme aujourd'hui, de la reconnaissance. D'être parvenu à la maîtriser, ou plutôt d'avoir pu affronter la maladie et non plus l'adolescente. Et ainsi d'avoir commencé à entrevoir la fille saine, jusqu'alors prise en otage par l'anorexie.

---

1. Lors de mon arrivée dans le service, j'ai proscrit le terme de « gavage », qui me paraissait trop violent, pour le remplacer par celui, plus médical, « d'assistance alimentaire ».

2. De la même façon, j'ai proscrit le terme « attacher ».

En route vers la guérison

Trois mois de contention. Plus question d'escarres ni d'œdèmes. La peau et les cheveux s'assouplissent avec la reprise des premiers grammes. La lente amélioration pondérale est d'emblée terriblement mal vécue par l'adolescente. Karen illustre ce malaise à sa façon. En faisant venir un garçon dans sa chambre pour lui dicter un courrier à l'intention de ses parents. Dieu merci, M. et Mme H. sont dans une alliance thérapeutique parfaite. La consultation suivante, ils m'apportent la lettre illustrant parfaitement les états d'âme de leur fille : « Au secours, ôtez-moi vite des griffes de ce fou, il est en train de me transformer en bonhomme Michelin. »

Les centaines de grammes étaient vécues comme une monstruosité, signifiant bien que le problème de Karen, comme chez la plupart des anorexiques, se situe avant tout dans une altération de la perception de l'image de son corps, bien plus qu'au niveau de l'appétit.

Le temps passe, le dialogue s'installe. D'abord avec les autres enfants du service, puis les infirmières et même sa psychologue qui nous annonce un jour, selon l'expression consacrée, que « ça bouge » ! Les entretiens sont plus riches, permettent de mieux cerner l'origine du problème, et donc, de commencer à faire identifier à Karen le sens de son refus alimentaire.

Au fil des semaines, Karen se reconstruit, physiquement et psychiquement. Elle atterrit doucement dans le service, où elle trouve enfin sa place. Très appréciée des infirmières, elle accompagne les adolescentes qui font leur entrée, et s'occupe avec beaucoup de tendresse des petits hospitalisés pour un bilan de difficultés scolaires.

Néanmoins plusieurs mois sont nécessaires pour envisager une sortie. Car au-delà des progrès visibles de Karen, il faut également susciter un changement dans l'environnement. Et prendre avant tout le temps de comprendre comment les relations familiales ont pu jouer un rôle.

Le recoupement entre le discours de Karen et le contenu des entretiens que je mène avec les parents offre une lecture intéressante de la trajectoire de leur fille. M. et Mme H. ont plongé dans le soin avec une énergie incroyable. En fait, leur peine est tellement lourde qu'ils se raccrochent à chacun de nos entretiens comme à une bouée qu'ils ne veulent pas lâcher. Chacune de nos rencontres me permet de reconstituer le puzzle de la vie de Karen jusqu'à l'irruption de la maladie. Le scénario est somme toute assez classique, quoique toujours différent.

Ni tout à fait la même, ni tout à fait une autre

Karen est l'aînée de trois enfants. Ses deux petits frères âgés de dix et sept ans ne posent aucun problème. Elle a été très attendue, surtout par son père qui désirait tellement une fille. Elle a revêtu rapidement la panoplie de « petite fille modèle », sans problèmes de sommeil ni d'appétit. Juste une maman préoccupée par le look de sa fille, au point de la limiter dans ses goûters :

« J'ai été une adolescente en surpoids et j'en ai souffert... »
Au point de parfois déraper comme lors de cette fête d'école, souvenir encore traumatisant pour Mme H. : Karen avait quatre ans. Petite fille souriante et désinhibée, elle avait été placée en première ligne au « pestacle » de fin d'année, dans ce petit village de Haute-Savoie. L'œil humide, Mme H. avoue ne pas avoir profité de la représentation, tant elle était obnubilée par « le petit ventre de Karen, moulé dans son justaucorps mauve ».

— J'ai pleuré pendant tout le spectacle, car je pensais que les gens ne voyaient que son ventre...

Certainement un message parmi d'autres que Karen n'a pas manqué de percevoir...

Trop parfaite pour être heureuse ?

Ensuite, une scolarité parfaite, en tête de classe. Obligée de rassurer constamment ses parents, en particulier sa maman qui accorde un excès d'importance à la réussite de sa fille. Et pour cause :

— J'aurais tellement aimé faire des études... mais mes parents ne pouvaient pas.

M. et Mme H. sont des gens sympathiques, intelligents, sensibles, visiblement anxieux. Ouvriers tous les deux, ils se préoccupent plus de l'avenir de leurs enfants que de leur quotidien. Fascinés par les facilités de Karen, ils la stimulent encore et encore, et pas uniquement à l'école. M. H. est ébloui par cette fille « qui lui ressemble ». Ils font même de la musculation ensemble, et ramassent des fruits en saison pour les revendre sur les marchés. Mme H. considère très tôt sa fille comme une « grande ». À six ans, la fillette est habillée comme une princesse, ses longs cheveux blonds sont soigneusement entretenus par une maman qui joue à la poupée et lui choisit des tenues avec beaucoup d'application. Il est vrai que Karen n'a pas droit à l'erreur. Elle doit toujours être parfaite, à l'école, à la maison ou chez des amis, sous peine de décevoir sa maman. Mme H. reconnaît sa difficulté à laisser sa fille se rendre à des invitations. De plus, elle avoue vivre douloureusement la complicité entre Karen et son père.

— Depuis qu'elle est adolescente, ils sont tout le temps ensemble, je me sens exclue...

Je pressens l'existence d'une « conjugopathie[1] » larvée, mal identifiée par les protagonistes, mais sûrement perturbante pour tous. Voire en partie responsable du problème alimentaire...

L'anorexie a commencé un an plus tôt, à l'issue d'un séjour linguistique en Angleterre. À dire vrai, Karen ne souhaite pas s'y rendre. Les parents insistent, menacent, se disputent car

---

1. Conflit conjugal pathologique.

M. H. aurait volontiers renoncé et gardé sa fille à la maison. Enfin Karen embarque. Mais depuis son lieu de séjour, chaque soir elle leur téléphone en larmes. Ils tiennent bon et elle leur revient changée, avec trois kilos supplémentaires ! Aux remarques de sa maman, Karen répond par un comptage calorique strict. Puis une restriction progressive de son alimentation, toujours étayée par des prétextes fantaisistes. Plus de sauce dans la salade : « Je suis allergique à l'huile. » Éviction totale du fromage, sauf des yaourts maigres, refus de toutes les viandes : « Je ne supporte pas que l'on fasse du mal aux animaux. » Mais une vénération paradoxale pour le poisson : « OK c'est un animal, mais ça a l'air con ! » Une fois encore, sa maman se sent fautive : « Je m'en veux, je l'ai encouragée à mincir au début. Je lui ai même payé des séances de fitness... »

L'anorexie, une solution pour la famille ?

Quand la maladie frappe à la porte, les parents se serrent les coudes. Finis les conflits, toutes les discussions se concentrent sur l'amaigrissement de leur fille. L'union sacrée, enfin... En dérivant la pression parentale sur elle et son assiette, Karen est redevenue la petite fille modèle, parfaite dans sa mission de sentinelle, prête à se sacrifier pour que le système familial fonctionne à nouveau.

Et Mme H. en rajoute :

— J'ai tellement eu de problèmes avec ma propre mère, je m'étais juré que ce serait différent avec ma fille.

Elle est terrassée par la violence de cette anorexie qui l'attaque dans la fonction première d'une maman : le nourrissage. Alors elle cherche, désespérément, et dépose sur mon bureau, en vrac, tout ce qui pourrait permettre de comprendre, de donner du sens pour réparer. À moi de trier. Je suis toujours bluffé par l'implication sans limites des mamans dans le soin de leur fille anorexique. Elles donnent tout, et plus encore si elles le pouvaient. Afin que je ramène, par magie, leur fille devenue squelettique à son état initial d'ado « en forme ». Et cet excès d'attente dérape parfois. Ce médecin que les parents rencontrent chaque semaine est le seul lien avec leur fille isolée. Logique qu'il soit idéalisé, magnifié mais aussi rapidement discrédité quand ça ne marche pas, ou pas assez vite. Il faut alors tenir bon, n'être déstabilisé ni par l'agressivité, ni par les tentatives de séduction. Pas facile quand le transfert[1], indispensable, devient tellement massif qu'il parasite la vie familiale, déjà fragilisée par la crise de couple.

Un jour, Mme H. vient seule, mal à l'aise. Elle me dit n'avoir pas dormi de la nuit. Je ne comprends pas où elle veut en venir avant qu'elle ne s'effondre.

— Cela m'arrive souvent, je vous vois en rêve...

Signe que je me suis laissé entraîner dans un lien excessif. C'est un rappel à l'ordre pour plus de neutralité. Qui doit m'inciter à reprendre ma place de médecin, tout simplement.

En tous cas, il n'est pas étonnant qu'une fois guéris, nombre de jeunes anorexiques retrouvent une maman épuisée, vidée, exsangue d'avoir trop donné.

— Ohé, je vous ennuie ?

Son bébé toujours scotché au sein, Karen me tire de mes rêveries en souriant.

— Non non, je repensais à tout ça, à tes parents...

— Ma pauvre mère, je lui en ai fait voir ! Maintenant, nous sommes les meilleures amies du monde...

Je dévisage à nouveau Karen. Quel chemin parcouru ! Il fallait une énergie de feu, partagée par une famille entière, une équipe de soignants cohérents, humbles et expérimentés, et une

---

1. Relation affective entre le patient et son thérapeute qui répète quelque chose des relations de l'ado avec ses parents.

adolescente partenaire pour redonner de la vie. Qui se transmet maintenant à une autre génération…

— En fait, je venais juste vous présenter Joey, vous remercier, et vous annoncer l'ouverture de… mon restaurant !

L'art du contrepied, jusqu'au bout…

23. « Jeûne et jolie » :
l'anorexie mentale

L'anorexie, « une forme maîtrisée et prolongée de suicide », selon Joyce Carol Oates[1], cette grande dame de la littérature américaine qui, à soixante-dix ans, publie son journal intime. Elle-même anorexique dans les années soixante-dix, elle évoque « la certitude mystique que donne le jeûne ». Une conviction pas si éloignée de celle que partagent sur internet les adolescentes, de plus en plus nombreuses à s'exprimer dans les forums dédiés à cette maladie. À les lire, l'anorexie serait un comportement revendiqué, un véritable art de vivre.

La maladie du siècle ?

Alors, pathologie sévère ou simple effet de mode ? Pour les médecins, l'anorexie est avant tout un trouble du comportement alimentaire. Un terme générique qui, de la privation à l'excès, recouvre toutes les conduites particulières vis-à-vis de la nourriture.

Anorexie et boulimie : ces deux conduites extrêmes, apparemment opposées, pourraient n'être que les deux versants d'un même mal-être. Ce qui expliquerait qu'une même adolescente

---

1. *Journal 1973-1982*, éd. Philippe Rey, 2007.

puisse présenter tour à tour des symptômes d'anorexie puis de boulimie, et vice-versa.

Quelle qu'en soit l'expression, les préoccupations concernant la nourriture ne cessent d'augmenter chez les ados. Entre treize et vingt-cinq ans, 1 % des filles souffre de boulimie, et 0,5 % d'anorexie[1]. Et surtout, elles sont de plus en plus jeunes. Il n'est pas rare de recevoir en consultation des jeunes filles anorexiques pré-pubères. Inconcevable il y a vingt ans.

Mais revenons à l'anorexie. Classiquement, on parlait d'anorexie mentale devant l'association d'une anorexie, d'un amaigrissement et d'une aménorrhée. Une perte d'appétit responsable d'une fonte de la graisse puis des muscles, et enfin d'un dérèglement hormonal, un « blocage » de l'axe hypothalamo-hypophysaire[2] qui arrête les règles. Trois grandes fonctions (manger, grandir, se reproduire) qui s'effondrent les unes après les autres comme des dominos. Mais ce tableau complet et déjà sévère ne débarque pas brutalement. Sournoise, la maladie va doucement emprisonner une jeune fille jusque-là sans problèmes. Les premiers signes de « cette histoire sans faim[3] » méritent d'être connus. L'enjeu est d'en détecter rapidement le début, car le repérage de l'anorexie, avant même qu'elle ne s'installe, va considérablement en simplifier la prise en charge et hâter la guérison.

Le dérapage discret d'une petite fille modèle

L'anorexie est insidieuse, progressive. Elle touche les filles de toutes origines, le plus souvent d'un milieu aisé, plutôt pointues intellectuellement. Sa proie préférée ? Une adolescente qui a toujours bien marché à l'école, qui n'a jamais présenté de troubles du comportement à la maison, évitant sagement les

---

1. Rapport du Sénat, « La santé des adolescents », 2003.
2. Transmission des hormones de l'hypothalamus à l'hypophyse.
3. Jacques Maillet, *Histoire sans faim*, Éd. Desclée de Brouwer, 1995.

conflits. Une sorte de petite fille modèle. Qui va, l'air de rien, commencer à s'imposer un petit régime. Le changement survient volontiers au retour d'un voyage à l'étranger, souvent synonyme d'une première séparation d'avec les parents. Une épreuve qu'elle redoutait sans doute, sans avoir vraiment osé le penser, et encore moins le dire. La jeune fille anorexique est ainsi faite. Souvent décrite comme une ado qui n'a jamais vraiment eu l'occasion d'exprimer ses propres désirs, et éprouve de fait des difficultés pour s'adapter aux situations nouvelles. Si elle vit mal ce premier éloignement, elle risque de tenter maladroitement de le compenser. Confrontée à une situation et une nourriture nouvelles, elle panique, mange trop et mal, puis doit faire face brutalement à quelques kilos en excès.

Mais le facteur déclenchant n'est pas forcément un éloignement. Certains enfants changent d'attitude vis-à-vis de la nourriture après un événement de vie apparemment banal mais qui les perturbe : pose d'un appareil orthodontique, déception sentimentale ou deuil familial...

Bref, des traumatismes souvent minimes mais qui colorent le quotidien d'une tonalité particulière, suffisante pour déclencher une cascade de désagréments.

Petit à petit, l'adolescente modifie ses habitudes alimentaires, en secret dans un premier temps (à la cantine ou en colonie de vacances), avant que la restriction ne devienne de plus en plus visible et s'invite à la maison.

À ce stade, si les parents sont vigilants, ils peuvent remarquer qu'un virage est en train de s'opérer. Elle ne mange plus de viande, préfère le poisson et n'arrête pas de faire le tri dans son assiette. Dans le taboulé, elle met les grains de raisin de côté. Elle rince les feuilles de salades car la sauce à l'huile est prohibée, comme tous les aliments jugés trop « gras ». Autre signe apparemment paradoxal mais qui ne trompe pas, l'anorexique se lance dans la cuisine, accumule les recettes et prend plaisir à voir et faire manger les autres. Et ce n'est pas seulement une épreuve qu'elle s'impose. Voir les autres consommer sans modération ce qu'elle leur a préparé lui apporte la confirmation jouis-sive de sa puissance nouvelle. Ils sont incapables de s'empêcher de se « remplir », là où elle est suffisamment forte pour résister !

Dans un premier temps, l'amaigrissement reste discret et méconnu, surtout en hiver, où la maigreur est camouflée. Ni vu, ni connu, elle crée de l'épaisseur avec des pulls enfilés les uns sur les autres. Couvre surtout bras et cuisses, les premiers à fondre, tandis que visage et poitrine restent longtemps préservés. Quand les parents découvrent brutalement la supercherie, lors d'une visite chez le médecin ou à la piscine, il est souvent déjà trop tard. Dommage, car un repérage et une intervention précoces permettent souvent de stopper le processus. À condition de porter rapidement le bon diagnostic. En cas de doute, il est important de rechercher d'autres modifications dans la vie de la jeune fille.

Le cerveau d'abord

Rapidement, l'ado anorexique adopte une conduite d'ascèse. Pour être sûre de résister à la tentation de manger, elle met le paquet pour ne rien ressentir, pour n'éprouver aucun plaisir. Surtout aucune fatigue physique. Du coup, elle ne se ménage pas, fait du footing jusqu'à épuisement, se lève de plus en plus tôt, ne ressent pas le froid. Elle malmène son corps pour prouver qu'il est quantité négligeable. Car ce qui prime pour elle, c'est le cerveau, l'intellect.

Alors elle travaille de plus en plus, de mieux en mieux. Ses résultats ne lui paraissent jamais assez bons.

Céline, seize ans, a eu 20 en philo. Une dissertation pour-tant pas facile sur « Inconscient et liberté ».

En haut, dans la marge de son devoir de douze pages, le professeur a juste inscrit : « En trente ans de carrière, je n'ai jamais eu à corriger une copie aussi parfaite... » Pour Céline, c'était juste normal.

Mais contrôler toutes ses pensées et maîtriser tous ses désirs demande un effort de tous les instants. Et devient progressivement incompatible avec une vie de groupe, surtout sur la planète adolescente actuelle, en perpétuelle recherche du plaisir immédiat.

Malade malgré elle

Peu à peu, la jeune fille prend ses distances avec un groupe dont elle ne comprend pas les codes et dont elle méprise rapidement le fonctionnement. Elle ne mange plus au self du collège et s'isole. Car, à l'inverse du goûter, l'anorexie ne se partage pas avec les copines. Ni avec personne d'ailleurs…

À ce stade, il n'est pas encore trop tard. Il faut en effet intervenir avant que la maladie ne soit installée. Quand le trouble alimentaire est repéré à temps, il est encore possible de revenir en arrière. Alerté, le médecin de famille doit adresser la jeune fille en consultation de psychiatrie de l'enfant. Le but est d'essayer, le plus rapidement possible, de parler à la petite fille, cachée sous ce visage émacié. Même si son attitude fermée vous dit, avec un zeste de mépris : « Je n'ai besoin de rien. » Et c'est bien là que réside toute la difficulté. L'anorexique ne demande rien, ni à ses parents, ni à personne. Et surtout pas de l'aider puisqu'elle n'est pas malade !

Vite !

Et pourtant il y a urgence. Urgence à intervenir, avant que le cyclone destructeur n'ait emporté la fillette. Urgence à tout mettre en œuvre pour la retenir parmi nous. C'est encore possible, à condition de disposer d'une chaîne solide, composée de plusieurs maillons.

Nous montons alors rapidement une petite équipe médicale, associant notamment le médecin traitant, un(e) psychologue, et un(e) pédopsychiatre hospitalier garant du cadre. Cette collaboration est fondamentale, à un moment capital, car il importe de « ne pas rater le début si on veut bien comprendre la faim ».

Le premier objectif est de bloquer le processus. En commençant par fixer un contrat à la jeune fille. Un seuil minimal, par exemple quarante-cinq kilos, en dessous duquel elle ne doit pas descendre. Sinon, c'est l'hospitalisation. Pour aider l'adolescente, on planifie des rencontres avec son médecin tous les quinze jours, pour un examen clinique (poids, tension artérielle, état cutané…), dont le résultat est scrupuleusement retranscrit au pédopsychiatre. On rassure ainsi la famille, qui peut cesser de se polariser sur la nourriture et retrouver des relations plus sereines. Quant aux autres intervenants, ils peuvent se consacrer à l'aspect psychologique l'esprit plus tranquille, sans être parasités par le risque vital. La psychologue rencontre la jeune patiente seule une à deux fois par semaine, pour écouter simplement, essayer de comprendre, et surtout lui apprendre à lâcher prise…

Parfois, ça marche. Surtout si chacun s'implique, si les adultes se concertent, et si le cadre thérapeutique mis en place est cohérent. Avec la perspective bien réelle d'une hospitalisation redoutée, visualisée (nous avons l'habitude de faire visiter le service dès la première consultation) et finalement plutôt rassurante. Dans la moitié des cas, le poids se stabilise. La dégradation est enrayée, tandis que les attitudes se modifient au fil des semaines et des entretiens psychologiques.

Surtout ne pas la lâcher. Ne pas baisser la garde trop vite. Il faudra du temps pour que le mouvement s'inverse, pour retrouver enfin l'acceptation de soi, et sa place dans la famille. Une famille qui est un élément clé du soin…

Un travail familial

Dès le début de la prise en charge, les parents sont rencontrés chaque mois par le pédopsychiatre, afin que, dans les relations familiales aussi, le changement puisse s'opérer et se pérenniser.

Le rendez-vous commence par des conseils, à suivre impérativement... Car une enfant qui refuse de manger provoque inquiétude et angoisse. Et bien sûr, « attaque » la fonction de parents, de maman surtout.

À la maison, essayer de la faire manger est désormais à proscrire. L'excès d'insistance entraîne toujours un excès de résistance. La jeune fille montre aussi par là qu'elle est en train d'accéder à son autonomie. Son « besoin de rien » se traduit par un « je sais très bien ce qui est bon pour moi ». Si bien que vis-à-vis d'une mère qui l'a trop couvée et privée d'indépendance, l'ado va en rajouter : « Ta nourriture, je n'en veux pas. » Une façon de tenir toute la maisonnée par le bout de sa fourchette.

Mais prendre de la distance par rapport au nourrissage est plus facile à dire qu'à faire !

> Un soir après un nouveau repas archi-tendu, c'est un papa excédé qui convie tout le monde à partager un moment plus convivial autour d'un scrabble. Carine, quatorze ans, 29 kg pour 1,60 m, traîne pour trouver un mot.
>
> Impatient, son père lâche par mégarde un terrible « Mange ! » au lieu de « Joue ! ». À sa décharge, il s'était retenu pendant tout le dîner. Mais dans sa lutte pour garder le contrôle, Carine, une fois encore, a gagné.

L'hôpital en bout de course

Quand les consultations n'arrivent plus à endiguer la fonte des kilos, quand la jeune fille ne mange presque plus, ou si simplement le poids minimal n'a pas été respecté, l'hospitalisation s'impose. Une perspective finalement pas si terrible pour la famille qui n'en peut plus. Et surtout une décision que l'adolescente ne prend pas si mal que ça. Même privée de téléphone et de visites. Car elle va pouvoir en profiter dans un premier temps pour se mettre à l'épreuve, pour montrer sa « toute-puissance ». Exhiber et renforcer sa philosophie du moment : « Du moment que je peux penser... car ce qui compte c'est l'intellect, je n'ai besoin de rien d'autre. »

La durée des séjours varie de quinze jours à plusieurs mois. Chaque cas est particulier, mais en général l'adolescente est isolée les premiers temps. Pas de contacts avec sa famille, et parfois même pas de contact avec les autres enfants du service. Seulement des puéricultrices référentes qui lui apportent ses plateaux-repas dans sa chambre, et l'accompagnent le temps du déjeuner et du dîner. Leur avis est précieux (comment aborde-t-elle la nourriture, que réclame-t-elle ?), et les commentaires soigneusement reportés dans les dossiers après avoir été partagés lors des synthèses hebdomadaires.

Deux séances de psychothérapie par semaine complètent la prise en charge. Des temps privilégiés au cours desquels la psychologue va aider la jeune fille anorexique à identifier l'origine de sa maladie, et à trouver le chemin pour en sortir. Avec beaucoup de bienveillance et d'empathie. L'astuce a été de « priver » la psychologue de tout pouvoir décisionnel concernant les prochaines visites, la date de sortie. Ainsi protégée des risques de manipulation, elle peut travailler vraiment « avec et pour » la patiente. Le mauvais rôle, c'est le psychiatre qui le joue. Il fixe le cadre au départ (pas de sorties, pas de téléphone, pas de visites), puis il rencontre la jeune fille chaque semaine pour écouter ses demandes et aménager son quotidien en fonction de ses progrès.

Mais aussi lui donner des nouvelles de sa famille, qu'il rencontre chaque semaine. Indispensable pour rassurer des parents

« JEÛNE ET JOLIE » : L'ANOREXIE MENTALE

meurtris, mais aussi pour recueillir des éléments de compréhension. Et parfois tenter des « coups », lorsque des hypothèses sur l'origine de la maladie ont été proposées par l'équipe :

> Malou, quinze ans, est hospitalisée depuis trois mois. Sans visites…
>
> — Tu sais, j'ai vu tes parents, ils vont bien. Le week-end dernier, ils sont allés dans votre maison de campagne.
>
> Les yeux de la fillette s'embuent.
>
> — Dans notre maison de Grignan ?
>
> — Oui, ils ont décidé de la retaper ensemble chaque week-end…
>
> Là, elle pleure carrément. Pour la première fois depuis son entrée dans le service, elle lâche prise :
>
> — Maman détestait cette maison. Quand papa en a hérité après le décès de papy, elle a exigé qu'il la vende. Il n'a jamais voulu. C'était terrible, j'ai toujours pensé qu'ils allaient divorcer à cause de ça…
>
> Étouffée par sa clairvoyance, Malou s'est arrêtée de manger quelques mois plus tôt. Sentinelle désespérée, elle avait compris avant tout le monde et s'était imposé l'obligation morale de les aider à prévenir ce drame qui s'annonçait. D'où l'idée de détourner l'attention sur son assiette.
>
> Mission accomplie ! Plus besoin de se sacrifier… Elle va pouvoir commencer à penser à guérir…

Les semaines s'enchaînent. Dans la plupart des cas, les adolescentes reprennent peu à peu goût à la vie, s'entraînent à accepter de prendre du plaisir. Un travail éprouvant, qui demande une énorme solidarité et de fréquents échanges entre les soignants. Pour un résultat gratifiant pour tous. Le départ d'une « ex-anorexique » est toujours un temps fort, émouvant. D'ailleurs, longtemps après, nous faisons souvent référence à chacune de ces jeunes filles dont le parcours a été jalonné par une halte au « 502 ». Un peu longue parfois, nécessaire sûrement.

Et si la plupart guérissent, l'origine de cette maladie reste encore mystérieuse.

Des causes multiples et complexes

Les hypothèses n'ont cessé d'évoluer. Un problème d'origine endocrinienne, disent les spécialistes avant 1950. Avant que les théories ne s'orientent vers une hypothèse psychogénique. À la fin du XXe siècle on estime en effet qu'au point de départ de l'anorexie se trouve toujours une cause psychologique, qui justifie le travail psychique effectué à l'hôpital. Enfin, aujourd'hui, un consensus semble s'établir entre les médecins pour affirmer que l'anorexie est la rencontre entre un contexte global et une vulnérabilité neurologique, autrement dit une prédisposition génétique aggravée par l'environnement.

La définition même de la maladie est sujette à discussion. Le triptyque classique (Anorexie, Amaigrissement, Aménorrhée) n'est plus tout à fait d'actualité. En effet, à la lumière des observations cliniques, le terme an/orexie, qui signifie « ne pas avoir faim », est inexact, et doit s'effacer au profit d'une « restriction alimentaire volontaire ». Une expression plus appropriée puisqu'il est prouvé que, au contraire, ces jeunes filles crèvent de faim et passent leur temps à lutter contre cette fringale. Ce qui explique pourquoi, lorsqu'elles guérissent, certaines deviennent boulimiques, voire obèses.

Un terrain neurologique, une société, une histoire

Alors pourquoi les anorexiques se privent-elles de manger, si leur problème n'est pas d'ordre alimentaire ? En fait, il est ailleurs. La jeune fille dite « sans appétit » souffre avant tout d'une très mauvaise perception de son corps. Son image d'elle-même est complètement faussée, puisque plutôt mince parce qu'elle mange peu, elle est la seule à se trouver grosse. C'est aussi en toute sincérité qu'elle estime les mannequins brindilles trop maigres, alors qu'elle n'a déjà plus rien à leur envier. Cette distorsion peut trouver une partie de son explication dans le fonctionnement du cerveau. On commence à suspecter l'existence d'une anomalie du cortex pariétal droit, la région du cerveau qui définit les formes dans l'espace. Il pourrait s'agir d'une simple prédisposition capable de se révéler si des éléments extérieurs viennent souffler sur les braises. Quant à ces facteurs aggravants, pas besoin de chercher bien loin ! La chasse aux coupables est facilement lancée. On a tour à tour incriminé la mode et le culte des mannequins filiformes, puis les médias et l'impératif du look idéal colporté en première page des revues adolescentes.

Des styles familiaux stéréotypés

Mais toutes les jeunes filles ne tombent pas dans le piège de la minceur absolue. Pour un certain nombre d'entre elles, le coup de grâce vient de l'intérieur. Au sein de la famille. C'est du côté des proches qu'il faut regarder. Là encore, avec prudence, et sans certitudes. Tous les parents d'anorexiques ne sont pas bâtis sur le même moule. À l'inverse, certaines adolescentes « incassables » traverseront sans dommages les excès sociétaux et des distorsions familiales effarantes.

Il reste que certains styles familiaux sont plus souvent retrouvés chez nos jeunes patientes. Cette récurrence permet, avec les précautions citées plus haut, de tracer les profils les plus à risque : une mère très protectrice. Qui a souvent élevé sa fille dans une idéologie sécuritaire, un cocon rigide où elle l'a maternée à l'excès, sans lui laisser exprimer ses désirs, ni développer sa propre personnalité. Une maman trop pleine d'affection, qui a fait de son enfant son double. Du coup, à l'adolescence, mère et fille vivent dans la confusion des générations, s'habillent « copié collé », sans marquer suffisamment la différence d'âges.

Une fille sage, bonne élève, consensuelle. Qui ne se fait pas remarquer, et préfère éviter de faire des vagues. Obnubilée par cette « maman-miroir », elle pense comme elle, s'habille comme elle, et se colle aux désirs maternels. Normal qu'elle ignore ses propres désirs puisqu'elle n'y a jamais eu accès. Alors quand maman débute un régime, comme souvent les adultes à la quarantaine, elle s'évertue à la suivre sur le même terrain. Ignorant qu'à quinze ans les besoins caloriques sont différents, bien différents.

Rajoutez un papa chaleureux, complice et séduit. Mais aussi effacé, trop permissif, trop gentil. Le père « copain » qui, finalement, ne rassure pas. Et surtout n'a pas su, pas pu s'interposer entre la mère et la fille. Les laissant s'engluer dans une histoire d'amour impossible, dont la fin (la faim ?) ne peut qu'être douloureuse. Comme si pour se détacher de sa mère, l'adolescente était obligée de lui jouer une partition dramatique : « Je ne veux plus de ton amour qui m'engloutit, je n'ai besoin que d'eau fraîche... »

La famille comme un système

Et tout ce petit monde interagit sans cesse. Car la famille est un système, avec des fonctions à géométrie variable, selon les personnalités et les moments.

Dans l'organisation familiale, les parents ont un double rôle. Celui de parents-éducateurs à l'égard de leurs enfants et de couple-amants vis-à-vis d'eux-mêmes. Généralement les enfants vont bien quand le système s'équilibre. Quand l'affection a la même intensité, versant « famille » et versant « intimité ».

Mais ce n'est pas toujours si rose. Imaginons un couple apparemment uni. Une cohabitation polie dans laquelle chacun fait « comme si ». La relation aux enfants est alors surinvestie, et pour cause, c'est pour eux que le couple se maintient. Mais cela ne va plus entre son père et sa mère. La jeune fille le sent bien. Elle sent aussi le regard attendri de son père sur elle, dérangeant et culpabilisant pour elle. Alors, pour se protéger, elle peut choisir de tout arrêter. Elle s'interdit de grandir, de devenir une femme, elle méprise ce corps qui change et qu'elle refuse. En supprimant ses formes féminines et en bloquant sa puberté, elle règle le problème de séduction vis-à-vis de son père. Et protège sa mère, dans un élan sacrificiel. Mieux, en les inquiétant sur sa santé, elle détourne l'agressivité larvée qu'elle perçoit entre ses parents, et la dirige… sur elle et son assiette. La boucle est bouclée. L'anorexie devient alors un fantastique outil stratégique, l'arme absolue pour réparer la cellule familiale. Dévié, le conflit majeur s'exprime autour de la table. Le « Je ne mange pas » va mobiliser les membres du foyer. Le problème de l'anorexique devient une solution pour la famille. Et la jeune fille, une sorte de thérapeute du problème familial, pourtant ancré ailleurs.

Un système défaillant qu'il va falloir restaurer patiemment. Mais qui nécessite une séparation, jusqu'à la compréhension mutuelle.

Plus quelques ingrédients nocifs…

Quant à l'environnement « à risque », il existe aussi. Il y a d'abord l'école. Celle qui claironne son discours élitiste, qui survalorise ce qui est intellectuel et développe le désir d'excellence. Au final, ce qui compte, c'est la tête. L'épanouissement, on verra plus tard.

Et parmi les autres facteurs de risque, le sport bien sûr ! Et pas n'importe lequel. Celui qui prône la minceur extrême. Comme la danse classique, la natation synchronisée et la GRS (gymnastique rythmique et sportive). Trois genres différents dont le point commun est d'appuyer là où l'anorexique a le plus mal, avoir un corps parfait. Des sports magnifiques, source de plaisir et d'épanouissement chez la plupart des adolescentes. Mais à manipuler avec précaution sur terrain déjà miné.

La maladie anorexique est une forteresse bien gardée et pour aller libérer la jeune fille enfermée à l'intérieur, c'est un combat qui demande patience et ingéniosité.

Ce qu'il faut, c'est intervenir vite, si possible avant que la maladie ne s'installe. Et surtout anticiper. Apprendre aux fillettes à reconnaître leurs propres besoins, sans leur imposer ceux des adultes. C'est à elles de décider si elles ont faim, si elles ont froid… ne pas perdre de vue leur autonomie, c'est le piège dans lequel tombent les anorexiques : la dépendance. Nécessaire aussi de les sensibiliser aux ravages du « paraître », dans une société vouée au culte de l'image. Et bien sûr avoir un fonctionnement familial cohérent. Être des adultes à l'aise, à la fois dans leur couple, et dans leur rôle de parents. C'est ainsi que la petite fille pourra grandir sans se sacrifier pour tout le monde, sans se croire responsable de tout.

IV

« Maintenir le cap »

*Comment l'aider
à réussir son adolescence*

24. Les naufragés du Nebraska

« AU NEBRASKA, TRENTE-CINQ ADOLESCENTS ONT ÉTÉ ABAN-
DONNÉS EN DEUX MOIS[1]. »

Cette péripétie m'a alerté. Il est vrai qu'il m'est arrivé en
consultation d'entendre des parents au bout du rouleau me
dire de leur enfant : « Je voudrais qu'il sorte de ma vie... »
Cela fait réfléchir. Mais de là à l'abandonner... le désespoir
des parents du Nebraska devait être immense.

L. Coover arrête sa voiture devant l'hôpital public d'Omaha
(Nebraska). À l'arrière, son fils Skylar, onze ans. Il hurle qu'il
ne recommencera plus, il promet qu'il retournera à l'école. Mais
le visage de la mère reste fermé :
— Je ne peux plus rien faire pour toi, lui dit-elle, les larmes
aux yeux.
D'une main ferme elle l'accompagne vers l'entrée et le
confie à l'accueil. En consultation, elle s'effondre et explique
qu'elle n'en peut plus. Elle ne supporte plus son fils et elle est
décidée à le leur laisser.
— L'autre jour il a jeté sa nourriture sur les murs, il refuse

---

1. *Le Monde* et le *JDD*, novembre 2008.

maintenant d'aller à l'école et ses colères sont de plus en plus violentes. Avec lui, je n'y arrive plus.

Employée d'une école maternelle, cette femme de trente-six ans, divorcée et mère de trois enfants, se sent coupable mais raconte que sa vie est un enfer :

— Ceux qui vont dire que je suis une mauvaise mère ne sont pas à ma place, ils n'imaginent pas une seconde la vie que je mène !

Deux de ses enfants, Skylar et sa fille aînée, sont atteints de psychose maniaco-dépressive et elle ne s'en sort plus, ni financièrement, ni nerveusement :

— Les soins psychiatriques sont hors de prix et en plus ils sont inefficaces. Je n'ai pas d'autre solution.

La mère de Skylar n'est pas recherchée par la police. Elle a pu abandonner son enfant en toute légalité, en s'appuyant sur la loi « refuge », votée quelques mois avant et autorisant « les parents à confier leur enfant à l'hôpital public sans être poursuivis ». Incroyable mais vrai ! Comme le texte ne comportait pas d'âge limite, certains parents se sont engouffrés dans cette brèche et en ont profité pour se débarrasser de leur rejeton ! Une coquille juridique et des parents pris en flagrant délit d'abandon, une conséquence inattendue qui en dit long sur l'ampleur des drames familiaux.

Le phénomène fait la une des médias : Un père devenu veuf laisse ses neuf enfants de un à dix-sept ans. Une mère dépose sa fille de quinze ans en lui disant : « J'en ai fini avec toi ! » D'autres encore font des kilomètres pour se rendre dans cet État devenu celui des « enfants abandonnés ».

« En deux mois, trente-cinq enfants, pour la plupart adolescents, mais aucun nouveau-né, ont été déposés par leurs parents, ou un tuteur légal, dans les hôpitaux de la région. »

Ce qui provoque l'indignation de la population. Comme en témoigne cette étudiante d'Omaha : « Si des parents n'ont pas la capacité de s'occuper de leurs enfants, alors c'est à la naissance qu'ils devraient les laisser, pas à cet âge ! »

Une infirmière raconte : « Les parents que j'ai reçus ont tous annoncé leur intention sans hésitation. Certains étaient effondrés, d'autres sont repartis tout de suite. Les enfants les plus âgés étaient eux aussi très affectés, ils pleuraient ou criaient. » Elle se souvient que l'un d'eux suppliait qu'on ne le laisse pas là. Il répétait : « Je serai gentil, je promets, je serai gentil ! » Les plus petits, eux, ne semblaient pas trop réaliser ce qui se passait.

Que deviennent les enfants ? C'est le rôle de la police de leur trouver une solution. Tous doivent être placés dans des familles d'accueil ou des foyers.

Finalement, ce dérapage permet aux familles en difficulté d'être entendues. Ces abandons sont ressentis comme des appels au secours par les réseaux sociaux et les experts de l'enfance. Des voix s'élèvent pour dénoncer le manque de ressources accordées à ces parents dont les enfants souffrent de problèmes de comportement. Des familles qui aiment leurs enfants et ne souhaitent pas les abandonner mais voudraient pouvoir les confier au moment des crises, le temps de souffler.

Épilogue : Quelques mois après, dans l'État du Nebraska, la fameuse loi « refuge » est revotée. Elle fixe désormais l'âge des abandons légaux à trente jours. Un groupe de travail s'est constitué pour étudier les besoins des adolescents et des services de santé mentale. Les trente-cinq enfants abandonnés pourront rester dans leur famille d'accueil ou, s'ils le souhaitent, se lancer dans une longue procédure de réintégration de leur famille d'origine.

À condition de proposer à ces parents débordés des conseils simples afin qu'ils puissent envisager, sereinement, des solutions moins radicales...

25. Parents de rêve

Comment « être, devenir, rester de bons parents[1] ».

S'il existait une recette miracle, son concepteur serait sans aucun doute célébré comme un messie...

En attendant, voici quelques conseils simples, rapidement efficaces.

L'idée conductrice est de rester parents. Parler comme son ado, s'habiller comme lui et vouloir être son copain, surtout pas ! Cette attitude forcée risquerait de l'éloigner davantage. Car il n'est pas dupe et des parents déplacés, « ça fait pitié ». En revanche ce qu'il attend inconsciemment ce sont de « vrais » parents. Qui ne le comprennent « vraiment pas », mais qui continuent néanmoins d'imposer des limites. Qui ne sont pas toujours d'accord, mais qui restent ouverts au dialogue. Bref, des parents sur lesquels il va pouvoir se tester et aiguiser ses armes pour se construire. Et qui vont tenir le choc, ou plutôt tenter de l'amortir...

La fermeté bienveillante

L'adolescence est une période de transition. Elle réclame une adaptation de tous les instants. S'adapter, c'est faire preuve de

---

1. Philippe Jeammet.

souplesse, sans abandonner ni ses valeurs ni ses principes. Ce challenge, qui peut paraître insoluble, est largement facilité par l'application d'une règle simple, qui a fait mille fois ses preuves : la « fermeté bienveillante ». S'il est un secret, il est caché dans cet oxymore.

Arme absolue pour décontaminer les situations les plus bloquées. Théorisée par certains comme « un doux mélange de fermeté et de mansuétude[1] », la fermeté bienveillante s'adapte à merveille à l'ambivalence de l'adolescent. Cette attitude coupe court à tout excès, en replaçant l'adulte dans son rôle de « sage ». Elle permet d'amortir l'agressivité de l'ado, et donc de la désamorcer au lieu de la réverbérer, voire de l'amplifier ! « Je ne suis pas d'accord pour que tu sortes deux soirs par semaine, mais explique-moi pourquoi c'est si important pour toi. »

Cette pratique a aussi le pouvoir de confirmer à l'ado que sa parole a été entendue, sans que ni son père ni sa mère n'en soient blessés. Être dans le même temps ferme et bienveillant permet de rassurer en ouvrant le dialogue. Alors que la fermeté sans bienveillance ferme la discussion et écrase l'ado, car elle semble ignorer l'intensité des changements qu'il doit gérer. Quant à la bienveillance dénuée de fermeté, elle fait courir au parent trop complice le risque d'être manipulé, ce qui n'est pas plus rassurant ! Laxisme et sévérité sont ainsi les deux mâchoires du même piège, qui emprisonne l'adolescent dans ses craintes et ses contradictions.

L'adulte ferme et bienveillant devient un marin vigilant, capable de lâcher un peu sa voile pour donner moins de prise au vent lorsqu'il forcit, tout en tenant fermement sa barre. Le bateau, un instant en difficulté, va alors se redresser, et son capitaine pouvoir continuer de naviguer à vue, en maintenant son cap.

---

1. *La Dame en bleu*, Noëlle Châtelet, Stock, 1999.

Une ressource essentielle : l'empathie

Pour pouvoir être ainsi « rond et carré », il y a un truc qui consiste à savoir faire preuve d'empathie, ce carburant indispensable pour ouvrir le dialogue. L'empathie (littéralement « souffrir avec ») confirme à l'ado que ses problèmes sont entendus, sinon compris.

« Je comprends ce que tu ressens, j'imagine bien que c'est dur pour toi. »

Ce message ne règle pas tout, mais il permet de glisser un pied dans une porte entrouverte, en attendant des moments plus propices. Nettement plus efficace pour les relations parents ado que l'antipathie – « Je ne supporte pas ta souffrance, et je ne veux pas l'entendre » –, l'empathie est un fantastique facilitateur d'échange. À condition d'éviter qu'elle ne se transforme en sympathie : « Je souffre comme toi. » Dans ce dernier cas, le risque est d'adopter une attitude liée à sa propre histoire :

« J'en ai tellement bavé avec mon père qu'il n'est pas question que mon fils en passe par là. »

D'où le père laxiste qui s'accorde des circonstances atténuantes pour ne pas sévir et déplaire à son ado. Car contrairement à l'idée reçue, une adolescence difficile n'annonce pas forcément une vie d'adulte ratée. C'est parfois même l'inverse. À condition d'avoir su se battre. La formule est un tantinet guerrière, mais comme le dit la légion : « À entraînement difficile, guerre facile. »

On est en effet beaucoup mieux équipé pour affronter la vie quand on a aiguisé ses griffes.

Il reste que certains mots peuvent être particulièrement blessants. Et risquent d'empêcher l'adulte d'en décrypter le sens…

Négliger la forme pour écouter le fond

En fait, les ados ont souvent raison...
Mais c'est leur façon de nous le dire qui n'est pas recevable. Qui ne correspond pas à l'image idéale que nous nous faisions de nos « trésors », et surtout à la qualité de la relation que nous nous étions promis de maintenir !

C'est encore plus douloureux si notre unique référence éducative reste notre propre souvenir d'adolescence.

Indéniablement, ce qui était inadmissible hier peut se révéler d'une ridicule banalité aujourd'hui. Et les frasques d'aujourd'hui ne méritent pas toujours la violence de la réaction de certains. Des parents qui dans leur excès risquent de plomber définitivement une ambiance déjà normalement électrique.

Combien d'entre eux se sont épanchés lors de consultations, confiant douloureusement leur déception face aux débordements verbaux de leur ado : « Va t'acheter des neurones », « Tu dis trop de la m... », « C'est bien, papa, tu progresses ! ».

Si les réactions impulsives et intempestives de leurs rejetons ont un tel impact, c'est aussi parce qu'elles suscitent, à tort, un sentiment d'échec éducatif.

Et le malaise s'installe...

Pomme de discorde, le fameux « Tu me soûles », réponse quasi automatique au énième appel pour passer à table et éteindre l'ordinateur.

La réponse idéale, si elle existe, va consister à ne pas cautionner : « Je n'accepte pas ces mots. »

Sans toutefois sanctionner et en faisant preuve d'empathie : « Nous avons envie de dîner avec toi. Pourquoi est-ce si difficile pour toi de passer à table avec nous ? »

Mais s'adapter, c'est aussi reconnaître que tous les comportements de l'adolescent n'ont pas la même signification. Et qu'il est nécessaire de distinguer ce qui est grave de ce qui ne l'est pas. Sans oublier que l'ado va s'acharner à résister là où ses parents insistent.

Pas grave !

Les parents ne peuvent pas attaquer sur tous les fronts. Refuser le piercing et les sorties après 23 heures, exiger une chambre rangée et des cheveux coupés courts, demander un effort sur les notes et limiter l'ordinateur. Il faut hiérarchiser. Lâcher sur certains points pour maintenir la pression sur d'autres.

Les tâches ménagères. Ne pas cautionner. Organiser un tour de rôle mais ne pas s'égosiller sur le bol du petit déjeuner abandonné sur la table sans un geste vers la cuisine. L'ado croit volontiers qu'il passe directement dans le lave-vaisselle !

Idem pour sa chambre jamais rangée, ne pas oublier qu'après tout : « C'est MA chambre ! » Quant à son look à faire peur, s'il a besoin de vérifier que les parents ont remarqué, inutile d'en rajouter, il risquerait de trouver de nouvelles idées. Et dans ce domaine, on sait qu'il n'a pas de limites. Du coup, il est important de glisser quelques commentaires qui prouvent que l'on a vu, que l'on apprécie ou non, pour limiter ses extravagances. Alors que feindre l'indifférence risque de provoquer une escalade « décoiffante ».

De la même façon, il est logique de faire remarquer le ton grognon du matin. Sans se lancer dans des reproches, pratiquer l'humour de préférence. Un grand sourire en forme de banane. Cela pourra peut-être le dérider. Il est vrai que le lâcher-prise sur certains détails du quotidien fait des merveilles sur l'ambiance à la maison.

Côté fléchissement scolaire, rien de plus naturel à l'adolescence. Les enseignants le savent, mais tous n'en tiennent pas compte. On les comprend, il faut avoir du goût pour le paradoxe. En effet, ces ados bougons et difficiles à motiver décrochent au mauvais moment. Pile à l'heure des choix qui les engagent pour plus tard. « Se ressaisir », « faire un effort » ou encore « se concentrer davantage » sont autant de rappels que l'ado n'entend pas. Il ne fait pas la sourde oreille, il est face à un rendez-vous qu'il ne peut pas honorer. En effet, la tête remplie de questions, de craintes et de désirs, difficile de leur demander d'être disponibles pour les apprentissages. Leur espace psychique encombré, « pré-occupé » et centré sur leur nombril ne laisse que peu de place pour Darwin et Galilée. Alors quand un ado perd pied et qu'un échec scolaire l'enfonce encore davantage, il faut l'aider à sortir de cette ornière. Lui proposer de l'aide, de préférence extérieure. Si possible, un étudiant deux fois par semaine ou un coach pour l'aider à s'organiser. Car parents s'abstenir ! Surtout s'il s'agit d'enseignants. L'occasion rêvée pour un ado de s'opposer sans agressivité ni violence. Sa mère est professeur de langue, il lui suffit d'avoir un zéro en anglais pour la mettre dans tous ses états. Inconsciemment, il a atteint son objectif. La contrarier. Prendre un chemin détourné pour s'affirmer, c'est la stratégie silencieuse. L'option des ados qui n'entrent pas ouvertement en conflit avec leurs parents. Ils appuient juste là où cela fait mal. Le plus souvent sur les résultats scolaires. Sûrs de titiller la corde sensible.

Grave !

Mais, être parent, cela implique aussi de ne pas craindre le conflit. Et face aux hostilités, de ne pas baisser les bras. Même s'il a dix-huit ans. Dans les domaines des toxiques (alcool, tabac et haschich) et de la sécurité, la marge de négociation doit être minimale. L'attitude souhaitable est de s'informer et d'expliquer que le cannabis démotive, que l'addiction est la perte de liberté. Que l'alcool et le tabac rongent les neurones à vie. Et surtout mettre en avant les conséquences immédiates de son intempérance : détérioration de la peau et des cheveux avec le tabac, risque d'accident de la route avec l'alcool et le cannabis… Ne pas hésiter à fixer l'heure de retour d'une soirée, imposer de ne pas rentrer seul, préconiser un retour en taxi ou aller le chercher discrètement.

Selon Philippe Jeammet[1], la fonction parentale s'adapte aux différents stades de l'adolescence.

— De quatorze à quinze ans, la position des parents est directive. Il n'y a pas à se justifier : « C'est comme ça. » Le tabac, l'alcool et les boîtes, sont interdits.

— De seize à dix-huit ans, c'est l'étape de la négociation. D'accord pour la soirée. Jusqu'à quelle heure ? Tu rentres comment ?

— À dix-huit ans, âge de sa majorité légale, il faut aussi lui rappeler qu'il est responsable pénalement de ses actes. Le valoriser socialement et continuer à l'impliquer à la maison : « Je te confie ta petite sœur ce soir. » Reconnaître qu'il a l'âge d'aller au lit quand il veut. En revanche, les règles à la maison doivent être respectées. Il doit passer à table en même temps que le reste de la famille. Au risque d'être un mauvais exemple pour les plus petits. Et ça, il doit le comprendre.

Choisir ses mots

Souvent l'ado parle peu. Il est préférable de lui éviter le face à face ou le glacial : « Il faut que j'te parle ! » Choisir plutôt un moment de détente et ainsi favoriser le « parler à côté ». Aller voir un match ensemble. En profiter pour parler en cours de route. Lui proposer de donner un coup de main en cuisine et papoter autour des casseroles. Jardiner ensemble, faire des courses. Encourager une discussion, dans le respect des réponses. Sans sauter au plafond, comme si la face du monde allait en être

---

1. *La Souffrance des adolescents*, éd. La Découverte, 2007.

changée : « Tu ne peux pas dire ça ! » Au contraire, parler d'égal à égal et donner à l'ado le sentiment d'être compris.

> Face à sa fille de quinze ans, terrassée par un terrible chagrin d'amour, sa mère décide de jouer le jeu : « J'imagine que c'est douloureux pour toi, je comprends ta déception. » Dans les bras l'une de l'autre elles passent ainsi une nuit entière à parler et à pleurer ensemble. Cette mère a su partager les pensées de sa fille et l'aider à les dépasser. Si elle lui avait dit « À ton âge, cela n'a aucune importance », sa fille se serait sans doute enfermée dans sa chambre. Et dans son chagrin, sans l'exprimer.

Avec un ado, les sujets de fond ou délicats comme le sida et le préservatif doivent être abordés sous l'angle affectif. Les détails techniques, ils connaissent. Et surtout, il convient de toujours adapter son discours à son comportement. Risqué, en effet, d'interdire de fumer quand soi-même on essaie d'arrêter depuis des années. Il est important aussi de manifester son autorité, sans toutefois oublier de montrer son affection : « Tu m'as manqué », « Quand tu n'es pas là, c'est presque trop calme ».

Le droit d'être imparfait

Il n'est pas question de parents parfaits mais « suffisamment bons ». Qui ont le droit d'avoir des hauts et des bas, d'être indisponibles. L'image idéalisée du père qui-ne-rate-jamais-rien isole l'ado encore davantage. Incapable de rivaliser avec cette caricature de la perfection, il a au contraire besoin de parents « humains », qui n'assurent pas forcément vingt-quatre heures sur vingt-quatre. Des parents qui sauront s'excuser ou faire l'aveu d'une défaillance, d'une erreur : « Hier soir, je suis peut-être allé un peu trop loin, désolé », « J'ai été excessive dans mon jugement sur ton copain Thomas ». L'autorité naturelle de ces parents humanisés s'en trouvera renforcée.

Et le devoir de s'occuper d'eux-mêmes

Avoir affaire à un couple, cela rassure l'ado. Être deux, c'est aussi pouvoir se laisser gentiment manipuler. S'appuyer sur l'autre pour ne pas être celui qui dit toujours non : « Va demander à ton père, s'il est d'accord, moi aussi. » C'est aussi pouvoir se passer le relais. Le plus disponible monte au créneau et règle le conflit du moment. Cette dynamique n'est possible que dans un couple « vivant », qui prend du plaisir sans les enfants (voyage, amis, loisirs) et leur fait comprendre ainsi qu'il survivra après leur départ de la maison.

Accord parental souhaitable

Mais souvent la crise de l'adolescence se télescope avec celle du couple. Cela complique la donne. Quand les parents se contredisent, c'est une bouffée d'angoisse supplémentaire pour un ado. Il est déjà suffisamment déstabilisé par ses propres questionnements. Inutile d'en rajouter. D'où l'intérêt pour un couple d'être sur la même longueur d'onde. En phase et en forme psychique. Une mère déprimée va voir son ado en négatif. Faire du moindre problème une montagne qui la dépasse. Elle doit donc se soigner pour que son enfant, délesté du poids de la culpabilité, s'autorise à aller mieux. Même si les difficultés sont toujours là : « Il est toujours aussi difficile à gérer, mais cela me passe au-dessus de la tête. »

Il est recommandé à un parent isolé de se faire aider quand son enfant arrive à l'adolescence. S'appuyer sur un oncle ou un médecin pour contribuer à l'équilibre de l'ado en train de se construire. Lui proposer ainsi une autre image à laquelle s'identifier. Réfléchir aussi à l'internat. Pourquoi pas. Il peut dans certains cas être un relais idéal. À condition de ne pas être vécu comme une punition par l'enfant, ni comme un échec par les parents.

PARENTS DE RÊVE

En toutes circonstances, garder en tête que les parents sont « responsables mais pas coupables ». Responsables du bien-être de leurs ados, et non coupables de leurs défauts.

« Vos enfants ne sont pas vos enfants… Vous êtes les arcs par qui vos enfants, comme des flèches vivantes, sont projetés. »

Khalil GIBRAN, *Le Prophète*[1].

---

1. Livre de Poche, 1996.

26. Le médecin et l'ado

Jamais sans doute une génération de médecins n'a eu à se confronter à de telles évolutions scientifiques, à tant de mutations sociologiques. De la préhistoire de l'enfant à la fin de l'adolescence, en passant par sa conception, chaque étape du développement est concernée par des progrès sidérants : révolution génétique, procréation assistée, décryptage du cerveau de l'enfant, explosion de la neuropsychologie qui explore les processus d'apprentissage, irruption du virtuel qui s'invite dans les foyers et enseigne les parents, nouvelles structures familiales, nouveaux codes.

Alors il ne reste au médecin de famille qu'une stratégie : s'adapter.

Aux exigences de parents qui n'ont jamais tant intégré le glissement sémantique du mot Santé, tel que l'OMS l'a défini en 1946 : ce n'est plus seulement l'absence de maladie que les familles réclament pour leur adolescent, mais plutôt cet « *état de bien-être global...* », qu'elles exigent à n'importe quel prix.

Le médecin se retrouve tout à la fois acteur et spectateur. Acteur et spectateur de ces transformations dans sa famille, acteur dans son cabinet médical, et même souvent mis en position d'arbitre des conflits entre parents et ados, entre famille et école...

Le médecin d'adolescents devient alors le dernier gardien des traditions, affublé d'une neutralité bienveillante, sans parti pris entre l'enfant et ses parents. Sommé de faire passer des messages improbables (« dites-le-lui, vous »), il est largement mis à contribution, dans les choix de vie, d'école, de couple aussi, parfois.

Le challenge est d'importance, et nous écrase souvent, surtout lorsque, face aux conflits, il nous incombe de siffler la fin de la récré. Ou en tous cas de dépasser notre rôle, de nous transformer en coach scolaire, conseiller d'orientation voire auxiliaire de justice ou conseiller conjugal.

Comment répondre à cette attente, en restant à la place qui est la nôtre, celle que nous avons choisie : être le médecin de l'adolescent, juste là pour l'accompagner et le soulager ?

Et d'abord le comprendre...

Corentin, dix-sept ans, se prépare avec ses copains à une « skin party », une soirée déjantée et hyper-libérée où chacun s'exhibe, et se filme pour ensuite faire le buzz sur internet. Décor baroque et tenues délirantes, les ados se la jouent David Bowie, colliers, messages sur le torse *rape me*[1] et maquillage à outrance. Tout pour la provoque.

L'un d'eux : « J'suis pas moi-même, c'est ce que je cherche. Je me sens la caricature du jeune décadent ! » Un autre : « C'est vrai qu'on est dans l'excès le plus total... on mène une double vie[2]. »

Ces ados qui mènent une « double vie », comme ils disent, sont de plus en plus difficiles à saisir. Enfermés dans une galaxie parfois insondable pour l'adulte. Alors pour y avoir

---

1. « Viole-moi »
2. « Envoyé Spécial » sur France 2 : « Glam blogs et rock n'roll », Anouk Burel, janvier 2010.

accès, il est nécessaire de tenir compte de quelques clés, pour que, l'espace d'un entretien, ils acceptent de se livrer.

Les incontournables

Il est indispensable de pouvoir rencontrer un ado en tête-à-tête. Se montrer disponible et lui consacrer du temps et surtout l'assurer que le secret sera bien gardé : « Tout ce qui se dit ici reste entre nous. » En revanche, s'il estime que son jeune patient se met en danger, que ses conduites à risques l'entraînent trop loin, il est du devoir du médecin d'en informer les parents. Hormis cette précaution, le praticien doit s'efforcer d'afficher la plus grande neutralité possible. Il a tout avantage à gagner la confiance de l'ado qui, déjà, vient le voir à reculons et à le rassurer sur le fait qu'il n'est pas le complice de la famille. Sans toutefois porter atteinte aux principes éducatifs de base. En effet, pas touche au modèle parental, il représente le socle sur lequel l'ado se construit, sa référence identitaire. Autant de valeurs qu'il bafoue aujourd'hui, peu importe, elles demeurent les principes qui ont bercé son enfance. Du coup, critiquer ses « fondamentaux » revient à le remettre lui-même en question. Perturbant. Avec le risque de manquer son objectif et de voir l'ado se murer dans le silence.

Distance contrôlée

Le médecin doit savoir être bienveillant, sans toutefois tomber dans l'excès. Il doit se maintenir à distance et garder le contrôle de la relation. Ajuster sans cesse le curseur de l'entente franche et amicale. Il y a en effet une différence entre : « Je ressens la même chose que toi » et « Je comprends ce que tu ressens ».

La mauvaise pente, c'est de se mettre dans la peau de l'ado pour faciliter le dialogue et par là, abandonner son image de soignant. Il faut au contraire rester professionnel. Chacun dans son rôle. Il n'est pas nécessaire de devenir son copain, il en a assez comme ça. En revanche ce qui lui manque, c'est de communiquer avec un adulte averti. Inutile de l'autoriser à fumer pour attirer sa sympathie. Mais plutôt lui demander pourquoi il a envie d'une cigarette. Quant à son vocabulaire branché, il serait ridicule de le suivre sur ce terrain où il sera le plus fort. « Un bouffon », ce n'est pas ce qu'il est venu chercher. Les ados ont horreur des adultes qui font « genre, je suis de ton monde ». Ils prennent d'ailleurs un malin plaisir à leur refuser d'être leurs amis sur Facebook. Il ne faut pas perdre de vue également que les ados sont manipulateurs et essaient toujours d'avoir le dernier mot. Un de leurs exercices favoris est de mettre l'adulte en défaut pour lui prouver qu'il ne sait pas tout. D'où cette distance à respecter. Avec beaucoup de doigté, car il s'agit de ne pas trop s'éloigner non plus. Au risque de jouer les « raseurs savants ».

Ni antipathie ni sympathie

Antonin, douze ans, raconte ses séances avec son psy :
— Il parle tout le temps, que de lui, il raconte sa vie. Chaque fois que je parle il dit : « C'est comme moi. » J'ai fini par l'appeler RTL, Raconte Ta Life !

Antonin poursuit, après avoir changé de psy :
— Elle était hors d'âge, hochait la tête, les yeux mi-clos et disait du bout des lèvres : « C'est ça... c'est ça. »

Elle me vouvoyait, j'avais l'impression d'être à un entretien d'embauche. J'étais tellement énervé qu'à un moment j'ai crié : « Et voilà la pizza ! » Elle a sursauté, je pense que je l'ai réveillée.

Qu'un praticien inspire de l'antipathie, cela se produit parfois. Quand il lui arrive d'être lui-même en difficulté dans sa vie personnelle. Il n'est alors pas assez disponible, ou distrait. Détaché. Et cela se voit. Il est peut-être rongé par les rancœurs et l'amertume. Un trop-plein d'agressivité qui peut se retourner vers ses patients. Le phénomène est rare et il conduit tout droit à l'échec de l'entretien.

En revanche, la tendance inverse est beaucoup plus répandue. La sympathie. Ce penchant naturel qui essaie trop souvent de s'inviter en consultation. Là encore, la vigilance est de mise. L'écueil à éviter est le tutoiement. Quand un ado commence à le tutoyer, son médecin doit tout de suite le remettre sur la voie. L'aiguiller gentiment mais fermement, avec le sourire :

— Que les choses soient bien claires, je suis, soit ton ami, soit ton médecin, pas les deux.

Le jeune patient doit choisir. Il touche là une limite et cela lui fait du bien s'il n'y est pas familier. L'expérience montre qu'à chaque fois il revient au vouvoiement. Ce principe est crucial pour les entretiens à venir. Le « vous » est un bien meilleur vecteur de communication et un ado a besoin que l'on existe face à lui.

Optimiser !

— Ne soignez pas votre optimisme, il est contagieux, m'ont dit un jour des parents.

Présenter le bon côté des choses, parler d'emblée de ce qui va bien, cette démarche est essentielle. Dans le premier quart d'heure, la discussion avec un ado doit tourner autour de thèmes « périphériques » :

« Qu'est-ce qui t'intéresse, quel sport, quel genre de musique, tu aimes cuisiner, voyager ? » Mettre le doigt sur ce qui le passionne, engager le dialogue, arriver à le surprendre agréablement. Car bien sûr il ne voulait pas venir, certain de se faire sermonner.

Cette façon inhabituelle de l'aborder va capter son attention, éveiller sa curiosité : « Il s'intéresse à autre chose que mes échecs. » Un courant va ainsi se mettre en place et permettre de faciliter la suite de l'entretien. De s'attaquer à l'autre versant de sa vie : ce qui ne va pas. Et donc de dédramatiser. Ainsi, pour parler de ses tracas et de ce qui l'embarrasse, il sera un peu plus à l'aise. Presque capable de se confier.

Valoriser !

Rechercher comment mettre l'ado en valeur est toujours fructueux, déterminant pour la suite de la prise en charge. Le moyen pour le praticien de marquer des points et de gagner la confiance de son jeune patient. Dans ce but, rien de mieux que de lui révéler un aspect inédit de sa personnalité. Lui apprendre quelque chose sur lui-même ! Sûr qu'il en sera bluffé, avec le sentiment de ne pas avoir perdu son temps.

Et pour qu'il ne reparte pas bredouille, il faut lui fournir un sujet de réflexion. Un nouvel « outil » à essayer et sur lequel il va se tester. Un espoir pour lui qu'il existe une piste à explorer et qu'elle agira peut-être comme un déclic. Une prise de conscience qui, peut-être, le fera avancer.

— Tu fais beaucoup d'ordinateur, pas forcément pour oublier tes mauvais résultats, mais peut-être parce que tu t'es rendu compte, tout seul, qu'il n'y a qu'un endroit où tu n'es ni angoissé ni agité, c'est l'ordi.

Il découvre cette façon de voir. La consultation n'a pas été inutile. L'ado avait besoin de l'entendre et d'en comprendre la démonstration. Ainsi l'impasse a-t-elle été évitée, la petite phrase assassine des ados déçus :

— Ce psy, je ne suis pas retourné le voir, il sert à rien.

Rassurer !

Face au médecin, l'ado n'ose pas poser certaines questions qui lui paraissent honteuses ou bizarres. C'est au praticien de le mettre à l'aise, de le soulager de ses tourments et le conforter sur le fait qu'il est normal. Et pour balayer ses doutes, il faut l'aider à les formuler ou encore, les anticiper.

— Tu es parfois attiré par des garçons ? C'est normal à ton âge, tous les ados sont comme ça, ils portent le même intérêt aux filles qu'aux garçons.

Il a besoin aussi d'explications claires qui vont lui permettre d'alléger ses pensées.

— Tu sais, ce petit frère que tu martyrises, je comprends que tu lui en veuilles, il est venu manger dans ta gamelle, mais lui il ne t'en veut pas et il ne comprend pas ton attitude, il croit que tu ne l'aimes pas.

Surprise. Il n'avait jamais envisagé la situation sous cet angle.

Flash-back

Il est toujours intéressant de faire un retour sur son passé. L'ado a besoin de connaître certains éléments de son histoire. Voire, le contexte dans lequel il est venu au monde. S'il est issu d'une énième fécondation in vitro, s'il est le petit dernier qu'on ne voulait pas vraiment, s'il a été délogé d'une région à l'autre bout du monde. L'attente d'un enfant diffère selon les cas et préfigure les attitudes à venir. Des comportements parfois étranges, enracinés dans un passé qu'il faut connaître pour les décrypter. Généralement l'ado sait peu de choses sur les conditions de sa venue. En parler devant lui avec ses parents provoque souvent d'agréables surprises : « Ah bon ! J'étais un bébé adorable ! » Regain d'espoir, son cas n'est peut-être pas si désespéré. Mais aussi des révélations : « Tout a commencé quand son petit frère est arrivé. »

Reconstituer son histoire devant lui permet à un jeune de lever des doutes et de le rendre plus disponible pour construire son avenir. Une association[1] qui gère un fichier en France de trois mille enfants et ados issus de fécondations in vitro organise régulièrement, pour ceux qui le souhaitent, une visite guidée dans un laboratoire pour leur montrer la réalisation d'une FIV. Comprendre et voir comment ils ont été conçus, dès onze ou douze ans, ils sont pratiquement tous d'accord pour assister à la démonstration.

Depuis Amandine, le premier bébé éprouvette français en 1982, ils sont environ cinquante mille à être nés d'un don de gamètes anonyme et certains demandent à connaître l'identité de leur géniteur. Ceux qui revendiquent cette transparence décrivent la difficulté d'être privé de la moitié de son identité[2]. D'après une étude conduite en Grande-Bretagne, il existerait une spécificité des familles composées par procréation assistée avec dons de gamètes : « Les enfants conçus ainsi manquent de confiance dans leur famille et dans les adultes en général tout en ayant le sentiment d'être discriminés. Ils ressentent un "trou" dans leur filiation et éprouvent le besoin de se comparer à "quelqu'un comme eux"[3]. » Dans ce pays l'anonymat a été levé en 2005.

Des secrets trop bien gardés

Un des enjeux de la consultation avec l'adolescent est de lui permettre d'aborder des sujets tabous, qu'il n'évoque nulle part ailleurs, et qui peuvent pourtant peser lourd dans son dévelop-

---

1. « Pauline et Adrien », créée en 1988 par Chantal Ramogida.
2. *Né de spermatozoïde inconnu*, Arthur Kermalvezen, Presses de la Renaissance, 2008.
3. *Famille à tout prix*, Geneviève Delaisi de Parseval, Le Seuil, 2008.

pement et influencer sérieusement son comportement. Comme la partie immergée d'un iceberg, invisible mais tellement volumineuse qu'elle est responsable de sa dérive. Débusquer des secrets devient un impératif majeur lorsque l'adolescent souffre, sans explications apparentes. Ces mystères sont parfois nichés dans sa préhistoire. On n'imagine pas à quel point les secrets de famille peuvent bloquer la pensée et freiner l'épanouissement.

> Allison a quatorze ans ; elle redouble sa cinquième, après avoir déjà refait une sixième. Personne ne comprend l'origine de cet échec. Ni ses profs qui louent sa docilité et son sens de l'effort, ni la psychologue, sceptique devant les faibles résultats d'Allison aux tests du QI. Encore moins ses parents, aimants et supporters, à l'évidence inquiets et désemparés. Le regard d'Allison m'intrigue d'emblée. Bleu et pourtant si sombre. Mi-triste, mi-résigné. Pas vraiment d'appel à l'aide, juste un « À quoi ça va servir ? ». Ce contact touchant et mystérieux m'incite à poser la question de confiance aux parents que je souhaite voir seuls. Les conditions de sa naissance, et surtout sa « préhistoire ». Soudain très embarrassé, le père de l'adolescente se tourne vers sa femme et l'implore du regard : « Dis-lui, toi... » Puis il s'effondre. Et révèle, pour la première fois, la découverte douloureuse de sa stérilité, puis la conception d'Allison par insémination artificielle. Il ne se sent pas prêt à le dire à sa fille. Ni à personne d'ailleurs. Un jour... Pas maintenant. Même s'il réalise soudainement l'impact de ce secret sur le blocage du savoir de sa fille.

Dans ces cas-là, je confirme aux parents qu'il faudra un jour lever ce secret. Avec mon aide s'ils le souhaitent. Pour fournir à l'adolescent les réponses aux questions médicales qu'il se pose.

D'autres secrets moins lourds mais tellement plus fréquents méritent d'être envisagés en cas de mal-être, surtout chez la jeune fille.

La boulimie : la peur du vide

La question de l'alimentation doit être abordée lors de chaque consultation. Car parmi les troubles du comportement alimentaire, il en est un, heureusement moins spectaculaire que l'anorexie mentale, mais tout aussi complexe à prendre en charge : l'accès boulimique. Rarement avouée d'emblée, la boulimie consiste à *absorber, dans un temps très court, une quantité massive d'aliments que la jeune fille ne choisit pas*. Elle avale n'importe quoi à toute vitesse, sans notion de plaisir, sans non plus satisfaire sa faim. Privée de la sensation d'être rassasiée, elle perd vite le contrôle, panique, peut vomir et s'enferme rapidement dans la dépression. Un comportement qui n'a rien à voir avec la simple frénésie alimentaire, qui se définit au contraire comme *la consommation d'une quantité assez importante d'aliments choisis, avec une notion de plaisir*. En bref, la tablette de chocolat que l'on commence, que l'on savoure lentement et que l'on termine sans s'en rendre compte, devant la télé ou plongé dans un bon livre. Et pas question de vomir, c'est tellement bon ! Dans ce cas, pas besoin de consulter. Par contre, l'existence de vomissements signe la gravité du tableau et doit être investiguée.

Boulimie et vomissements, une double pathologie…

Le piège… La plupart des cas de boulimie ignorés sont le fait de jeunes patientes qui se font vomir après chaque accès boulimique. Cette alternance boulimie-vomissements n'a aucune incidence sur leur poids et retarde le diagnostic. D'autant plus que la jeune fille n'en parle à personne et s'adonne à ce rituel en solitaire. Elle souffre d'une addiction à la nourriture, devient totalement dépendante de « ce plaisir solitaire caché », qui la marginalise et l'entraîne dans la dépression.

Qui doit être repérée

Les parents doivent ouvrir l'œil. Repérer les odeurs. Dans les toilettes, l'eau de javel dont la jeune fille fait un usage fréquent. Surveiller les relevés de cartes de crédit, l'argent qui disparaît, les paquets de pâtes qui fondent à vue d'œil. Car la boulimie avance masquée. Inutile de se rassurer en l'observant à table, c'est en dehors des repas et quand elle est seule qu'elle se jette sur la nourriture. Pour permettre à l'adolescente d'avouer enfin ces conduites honteuses qui la culpabilisent, il suffit souvent de lui poser la question. Avant de proposer des stratégies thérapeutiques qui ont fait la preuve de leur efficacité : thérapie cognitivo-comportementales groupes de patientes, psychotropes...

Et comme toujours, ne pas oublier d'impliquer l'adolescente dans sa prise en charge. Sans l'écraser...

Qu'est-ce que tu en penses ?

Quelle que soit la pathologie suspectée, il faut éviter de faire devant l'adolescent l'étalage de nos connaissances scientifiques. Ce n'est pas ce qui l'impressionne. Chez lui ce déballage provoque l'effet inverse. Il s'ennuie, prend ce discours pour de la morale et place le médecin dans la catégorie des « pédagos à éviter ». D'un autre côté, ce mode professoral le rabaisse et le fait basculer dans ce qu'il fuit à toutes jambes : l'enfance.

Alors, pour éviter de lui asséner des contre-vérités qu'il va trouver « soûlantes », le plus confortable est de l'impliquer : « Je me demande s'il n'y a pas quelque chose qui vous oppose ton frère et toi. » L'associer à la réflexion, rechercher des solutions ensemble et lui demander son avis : « Qu'est-ce que tu en penses ? »

Les idées claires

En fin de consultation, l'ado doit avoir mieux compris. Tout doit être plus limpide et clair dans sa tête. Ce qui a été dit, ce qu'il doit retenir en particulier. Ce qu'il doit faire, changer ou améliorer. Pour cela, la mise en place d'un contrat est idéale. Il est préférable de l'établir par écrit, de recueillir son plein accord et le lui faire signer. L'avantage est de pouvoir faire un bilan un ou deux mois après. Et de faire évoluer les engagements. On resserre ou on relâche, selon les résultats obtenus :

— L'ordinateur, seulement le week-end et pas plus de deux heures par jour. Une sortie par mois, uniquement le samedi jusqu'à 23 heures... Jusqu'à ce que tes notes soient remontées jusqu'à la moyenne.

Dans une consultation, ce qui nous intéresse c'est l'envers du décor. Ce qui se trame en coulisses. Quand l'ado est en présence de ses parents, il est sur le devant de la scène, en représentation. Pas étonnant s'il en rajoute. Il est dans son rôle, il joue l'ado qui a besoin de se faire remarquer. À nous de faire en sorte de dévoiler le personnage, de déloger la personnalité de celui qui se cache derrière le masque, une fois le rideau tombé. Salut l'artiste ! C'est le contact avec lui qui compte, pas question de manquer ce rendez-vous qui engage son avenir. Et qui demande avant tout au thérapeute des trésors de patience, de bienveillance et d'empathie.

27. Sous le soleil, évidemment...

Presqu'île de Giens, septembre 1979
— *Tu touches trop les gens... !*

Sophie est assise sur le sable à côté de moi. La tête penchée sur ses bras croisés, genoux repliés, elle fixe l'horizon. Son joli visage paraît préoccupé. Elle secoue la tête et répète doucement :

— *Vraiment, tu t'en rends pas compte, mais tu touches trop les gens...*

Surpris, je la regarde et fais mine de ne pas comprendre. Bêtement, je lève les mains au-dessus de la tête, paumes ouvertes, comme le défenseur de foot pris en faute alors qu'il vient de ceinturer l'attaquant et veut faire croire à l'arbitre qu'il n'a rien fait.

— *Si je t'ai effleurée, je ne l'ai pas fait exprès...*

Un sourire triste éclaire ses yeux bleu marine.

— *Ne fais pas l'idiot, ce n'est pas avec tes mains que tu fais du mal...*

D'un geste éloquent, elle plaque la paume des siennes sur sa poitrine, près de son cœur. Son regard se perd à nouveau, semble chercher de l'aide loin, très loin, au-delà des îles du Petit et du Grand Ribaud.

Je la regarde à nouveau. Elle a vraiment un petit quelque chose qui ne me rappelle personne. Le soleil couchant inonde ses boucles blondes de reflets roux. Les traces de sel du dernier

SOUS LE SOLEIL, ÉVIDEMMENT…

bain brillent comme des paillettes sur son front et ses pommettes caramélisées.

La scène est surréaliste. J'ai l'impression d'être dans un film de Claude Sautet !

Il est vrai que nous sommes au paradis !

Comme chaque été, une vingtaine d'étudiants lyonnais, futurs médecins, kinésithérapeutes ou infirmières, se retrouvent à l'hôpital Renée-Sabran, fleuron des hôpitaux de Lyon. À l'origine, cette villégiature subtilement délocalisée sur une sublime pointe du Var accueillait les enfants tuberculeux pour qu'ils profitent du climat privilégié de la région. Depuis le siècle dernier, l'établissement de soins s'est diversifié et offre de multiples stages très prisés des étudiants lyonnais.

Idéalement placé face à l'île de Porquerolles, cet hôpital est un rêve.

Pendant un mois, nous gagnons notre argent de poche en remplaçant le personnel hospitalier en congés d'été.

Un mois magique.

Une bande d'adolescents insouciants, logés dans un home d'infirmières, où tous les soirs, la fête bat son plein. Totalement immergés dans ce monde hospitalier qui sera le nôtre plus tard, tout en profitant de la plage de sable blanc, bordée d'une pinède sauvage et parfumée. Notre mission consiste à laver les sols et les toilettes des services de soins, à brancarder les patients, et bien sûr à se familiariser avec nos futurs métiers. Un séjour initiatique qui laisse encore des traces (trente ans plus tard, j'évite toujours de « marcher dans le mouillé » lorsqu'un agent de mon service vient de finir le ménage...).

Une belle leçon de vie.

J'ai dix-neuf ans et je me régale de cet été en pente douce.

L'ambiance est festive. La soirée s'annonce bien. Les garçons jouent au beach volley un peu plus loin, faisant traîner le temps avant une sortie dans les discothèques du Lavandou. Dans quelques heures, nous serons tous au Tropicana, la boîte branchée du moment, en plein air, sur la plage ! Retour prévu au petit matin, avec les croissants chauds prélevés chez le boulanger du village.

Nous sommes les rois du monde.

C'est le début des années « disco ». Éric Charden promet sur toutes les radios que « l'été sera chaud » (dans les tee-shirts, dans les maillots), Patrick Juvet s'interroge vaguement (« Où sont les femmes ? ») et les Bee Gees chantent « des trucs qui nous collent encore au cœur et au corps » !

C'était la fin des années 70, mais aussi, et nous ne le savions pas encore, la fin d'une période fabuleuse, qui restera unique. Après la pilule, avant le sida. Pendant cette « parenthèse enchantée », tout est permis, tout devient possible. On savoure chaque instant et on n'a peur de rien.

Ou presque !

— *Tu touches trop les gens...*

Juste cette petite phrase qui plombe un peu l'ambiance.

Elle insiste et je n'ai plus envie de chahuter.

— *Je t'ai fait quelque chose ?*

— *À moi, non !*

Sophie, stagiaire infirmière, est magnifique. J'ai immédiatement été attiré par sa douceur et une lueur différente dans son regard. Elle est descendue de Lyon avec son petit ami, un jeune kiné qui est aussi mon copain. De fait, je ne l'ai même pas « envisagée » ! Mais je recherche sans cesse sa présence, usant de stratagèmes de folie pour être près d'elle au self. Avec le recul, je pense comprendre l'étrange familiarité qu'elle suscitait en moi. J'avais l'impression de me voir en fille !

— *Tu verras, un jour, que j'avais raison...*

Pour le coup, c'est moi qui suis touché !

Je m'en veux encore de ne pas avoir tenu compte de ses conseils précieux. Cela m'aurait certainement évité quelques désillusions et j'aurais avancé de plusieurs cases sur l'échiquier de la maturité.

Effectivement, beaucoup plus tard, j'ai commencé à comprendre ce qu'elle voulait dire.

La personnalité d'un adolescent peut sérieusement compli-

quer ses relations sociales. Lorsque sa spontanéité naturelle est excessive, elle peut parfois rater sa cible ou faire très mal. En particulier s'il est impulsif, qu'il oublie le devoir de réserve, et néglige les conséquences de ses actes. Rajoutez un excès d'empathie, qui éclaire la vie émotionnelle de l'autre, et lui révèle sa sensibilité et ses faiblesses comme dans un livre ouvert, le cocktail devient alors explosif. Certains mots se transforment en flèches acérées qui blessent, ou à l'inverse, en promesses qui déçoivent. Bien malgré lui...

Avec le temps, j'apprendrai à utiliser ce travers pour qu'il devienne un outil thérapeutique. Maîtriser cette facilité à m'inviter dans l'intimité de l'Autre pour aller « toucher » au plus profond. Aider ainsi l'adolescent déprimé à réveiller la part de vie enfouie derrière la noirceur de ses pensées.

Ranimer la petite fille depuis trop longtemps engourdie, écrasée derrière la maladie anorexique qui cadenasse tout et interdit le dialogue. Ou encore, inciter l'adolescent qui perd pied à « rester avec nous ». Solliciter son noyau sain et empêcher l'imaginaire de l'envahir, grâce à l'hyper-réalisme et le bon sens du thérapeute.

Transformés en tremplins, nos pires handicaps deviennent sans doute nos meilleurs atouts. Message d'espérance que je délivre quotidiennement à mes jeunes patients.

Les garçons s'impatientent et viennent me chercher pour l'ultime partie, gentiment moqueurs :

— Alors Olivier, un coup de fatigue ?!

D'un mouvement explicite du menton, Sophie m'invite à aller jouer. Elle m'a dit l'essentiel, sans doute.

Je me lève machinalement, peu motivé par le match, un peu sonné, il est vrai...

Ce jour-là, l'« adultitude » de Sophie la Sage m'a sidéré. Je ne me doutais pas qu'elle était peut-être à l'origine d'une vocation.

Merci à toi, jolie oracle à la frimousse gorgée de soleil et d'empathie. Tu es certainement devenue une excellente infirmière.

28. Cap Écoute

Chaque mois, il y a un rendez-vous que j'essaie de ne pas manquer. Une rencontre enrichissante et précieuse avec des bénévoles dévoués à la cause des ados.

Nous nous retrouvons à une dizaine autour d'une table. On me présente les nouveaux venus, des retraités, des mères de famille, des personnes bienveillantes qui acceptent de donner de leur temps. Ensemble, ils forment « un groupe d'écoute téléphonique » particulièrement ciblé sur les ados et leur famille. Des heures durant ce sont eux qui portent une oreille attentive à des voix anonymes qui expriment détresse ou colère. Et surtout beaucoup de stress. Alors à l'autre bout du fil, ce sont eux qui rassurent, qui consolent et parfois font éviter le pire.

À chaque rencontre je ne peux m'empêcher de les encourager à continuer, car leur action est irremplaçable. D'une part ils peuvent gérer une urgence, d'autre part on sait que souvent les ados en disent plus long à visage caché.

Des personnes généreuses, qui, pour certaines, vivent leurs propres problèmes d'ados à la maison. Et qui, pour d'autres, n'ont pas oublié qu'un jour elles aussi ont connu cette époque troublée avant d'être adulte.

Chacun me raconte le (ou les) coup de fil qui l'a le plus marqué et a probablement été le plus difficile.

Que dire à un garçon de dix-huit ans qui se sent isolé, qui a conscience de ne pas aller bien et recherche un lien social ?

À une jeune fille de quatorze ans qui se trouve moche, qui ne sait pas à qui parler et a demandé l'internat pour fuir la maison où les parents se disputent tout le temps.

À un plus petit de treize ans, qui se bagarre car on l'insulte et qui finalement est exclu du collège, sans semble-t-il avoir compris pourquoi.

À une mère qui recherche sa fille de seize ans depuis deux jours, certaine qu'elle a fugué et qu'elle a des relations sexuelles avec les garçons, elle l'a lu dans son journal intime.

Et à ce garçon de dix-sept ans inquiet pour une amie qui se scarifie et qui a des envies de meurtre envers son prof de français.

Que dire enfin à ces ados de plus en plus nombreux, coincés, bon gré mal gré, dans des familles recomposées. Et plus encore que les autres en quête de repères. Avec ces questions qui reviennent en boucle, le plus souvent autour d'un conflit de loyauté : « Je m'en veux d'être aussi bien avec mon beau-père qu'avec mon père… » Même pudeur du côté des beaux-parents : « Je ne sais pas jusqu'où m'impliquer ? » D'autant que les adolescents ne se privent pas de leur rappeler leur réalité de « pièce rapportée ». Dans tous les cas la réponse est la même : « Quoi qu'il vous dise, l'adolescent a besoin de votre présence surtout si elle est chaleureuse. »

Nous débattons ensemble de ces appels au secours : l'ado qui s'en veut d'aller mal et qui raisonne avec la sensibilité d'un précoce ; l'internat comme refuge, de plus en plus répandu face aux parents qui n'assurent pas ; la lucidité de l'hyperactif, classique de l'ado qui n'arrive pas à se contrôler et qui en souffre ; la mère dépassée qui a oublié qu'on ne touche pas au journal intime de sa fille ; le confident embarrassé par les secrets de son amie, probablement une façon de parler de lui-même.

Souvent, je rappelle que la meilleure posture est de ne pas juger, encourager plutôt que critiquer et ne jamais condamner.

Et ces bénévoles ne demandent qu'à bien faire. Pour améliorer la qualité de leur prestation, conseiller et orienter au mieux leurs correspondants ados ou parents, ils sont sans cesse en demande d'informations, de formation sur le tas. Très au point, ils jouent ainsi un rôle capital dans la prévention et le soutien. Ils sont devenus une sorte de veille et de main tendue vers ces familles en souffrance. Souvent isolées et paralysées par un problème qu'elles n'osent pas exposer à leur entourage.

Encadrés par des médecins, ces écoutants sont maintenant bien rodés et entraînés à faire face à presque tous types de situations, dans tous les domaines[1]. Dialoguer avec eux est extrêmement fructueux. Ils attendent de nous une expertise. À nous de les conforter dans leur objectif et de les aider à guider ces ados vers des solutions.

« Qu'auriez-vous répondu à ma place ? » me demandent-ils souvent. J'apprécie cet échange qui me permet aussi d'évaluer la réalité de l'adolescence en dehors de mon service à l'hôpital. Et de la maison ! Une source inépuisable et efficace. Très utile pour prendre le pouls de la santé mentale des adolescents. Un « effet loupe », qui montre à quel point ils ont besoin de nous. Et aussi combien ils ont changé.

---

1. « Cap Écoute » Rhône-Alpes, appel gratuit : 0 800 33 34 35 du lundi au vendredi de 9 heures à 21 heures, numéro national : 04 72 33 34 35.

29. Bien dans son époque

« Docteur, on n'était pas comme ça à son âge ?... »

Nouveaux codes, nouvelle donne

Après les baby-boomers, les baby-losers, une nouvelle génération d'adolescents envahit notre paysage et bouleverse les relations parents enfants, élèves enseignants et, plus largement, l'ambiance sociétale.

Qu'ils soient « ado naissants », ado pressants, ou ado tout simplement, les dix-vingt-cinq ans obligent les générations antérieures à composer différemment.

La question n'est pas de savoir s'ils sont mieux ou moins bien qu'avant. Ils sont juste différents.

Nourris depuis leurs premiers jours par les dérives sociologiques mondiales, ils baignent dans un environnement violent, hyper sexualisé et surexposé aux toxiques de tous ordres. Mais ils se réapproprient sans cesse et sans soucis apparents cette ambiance délétère qui préoccupe tant leurs parents.

Ils inventent de nouvelles façons de se comporter en groupe avec des codes bien à eux qui désemparent les adultes. Nouvelles façons de boire (*binge drinking*), de gérer les rapports amoureux, d'animer la cour du collège, de s'afficher dans la rue...

Statistiquement, ils souffrent moins que leurs parents ne l'imaginent. Peut-être parce qu'ils profitent de ce que le XXIe siècle leur apporte de positif : nouvelles technologies de communication qui rapprochent (Internet, Facebook) programme européen Erasmus qui favorisent les échanges, reconnaissance de l'ado comme consommateur et nouvelle catégorie sociale (programmes télé, radios, magasins spécialisés, littérature et adaptations au cinéma), progrès dans le domaine de la santé, le bien-être (réponses aux problèmes de peau, de poids ; prévention des risques ; développement de la sphère psychologique, ouverture de maisons pour ados).

Mutants fabriqués par leurs aînés, les ados survivent mieux que prévu, même « s'ils renversent parfois les hiérarchies[1] ». Acceptons ainsi de nous laisser enseigner des techniques qu'ils maîtrisent mieux et écoutons leurs revendications.

Une époque TGV

Dans les sociétés traditionnelles existait un rite initiatique pour signifier le passage dans l'âge adulte. Un marquage cutané. Le sens de ce tatouage était de jalonner le courant de la vie afin que la société perdure. Une façon d'assurer la continuité. Aujourd'hui, les sociétés occidentales font l'inverse. Le changement est omniprésent. Il est devenu valeur incontournable. À croire que si l'on veut évoluer, il faut sans cesse que s'opèrent des bouleversements. Technologiques, bien sûr. Puissants, cela va de soi. Avec des conséquences au quotidien. Comme l'inversion des rôles avec des parents qui demandent à leur enfant de régler le portable auquel ils n'ont pas tout compris. Et l'adolescence traduit cette exigence sociale de changement : sa durée a tendance à s'étirer. Elle commence de plus en plus tôt pour finir de plus en plus tard. Ils sont pressés d'y entrer mais ont

---

1. Serge Tisseron.

BIEN DANS SON ÉPOQUE

peur d'en sortir. Aujourd'hui l'adolescence est intimement liée au comportement.

Un phénomène déconnecté du biologique

C'est la conclusion d'une étude[1] réalisée auprès des élèves d'une classe de CM2 jusqu'en troisième. D'après les auteurs, « le moment décisif se situe dans la dernière année de l'école primaire, quand les enfants de dix ans se retrouvent en situation de force ». Beaucoup d'entre eux ont déjà le sentiment d'appartenir au monde des ados. Un monde qu'ils envient et dans lequel ils ont hâte d'entrer. Avec la panoplie de rigueur : peu importent les caries ou l'appareil dentaire, ça fait ado ! Les filles montrent des signes de puberté, les garçons « en retard » commencent à faire évoluer leur look[2]. C'est aussi l'âge de la première boum. La fin du goûter d'anniversaire en présence des parents. Et cette étape-là de leur développement, « Ils ne la craignent pas, elle constitue au contraire un atout... ils sont impatients de dire qu'ils ont changé ».

Le sociologue François de Singly[3] les appelle « les adonaissants ». Ces dix-onze ans qui fabriquent déjà un univers à leur mesure. En tout, ils se singularisent des parents : musique, utilisation d'Internet, look. Autant de signes pour affirmer qu'ils veulent sortir de l'enfance. Précocément. Alors que pour d'autres, ces pré-ados sont des victimes du marketing, pour le sociologue de la famille, au contraire, « les marques leur permettent de se démarquer ». Résolument optimiste, il parle d'une logique d'affirmation, pas de rupture.

Car selon lui, ils ne sont pas si pressés que ça. Ils sont bien

---

1. *Le Bonheur d'être adolescent*, Michel Fize et Marie Cipriani-Crauste, éd. Eres, 2005.

2. La moitié des filles sont pubères à treize ans. La moitié des garçons à quinze ans. Ce qui fait un décalage de deux ans. (source Ined).

3. *Les Adonaissants, les connaissez-vous vraiment ?*, éd. Armand Colin, 2006.

dans leur peau, il s'agit là d'une étape de plus, « un nouvel âge de la vie ». Qu'il situe à l'entrée en sixième. Moment où ils commencent à s'attribuer des droits vis-à-vis des parents : « J'ai le droit de m'habiller comme je veux, j'ai le droit d'avoir un portable. » Une génération « collège » qui négocie ferme avec les parents qui, de guerre lasse, finissent par céder. Un portable d'accord, mais pas cher, forfait limité. Avec la bonne conscience de pouvoir « mieux surveiller ». Des parents qui, curieusement, sur le plan scolaire n'autorisent aucune autonomie.

« Laissons donc les enfants rester des enfants », s'insurge, au contraire, Patrice Huerre[1] qui défend l'idée « de ce temps de pause » dont ils ont besoin pour aborder la puberté plus sereinement.

Le rassurer sur sa santé

En effet, l'expérience de ce corps qui change est loin d'être anodine. Quand il se regarde, l'ado ne se reconnaît pas. Il panique. Se pose mille questions. Est-ce que je ne suis pas trop petit ? Pas trop gros ? Pourquoi n'ai-je pas encore de poils ? Autant d'interrogations qu'il n'ose pas formuler et qui l'angoissent.

Or, c'est justement à ce moment-là que s'arrête pour lui le suivi médical régulier. Fini le carnet de santé mis à jour régulièrement. À la place, des médecins scolaires débordés qui, en charge de plusieurs établissements à la fois, parent au plus pressé. Curieusement, au moment de sa grande transformation, l'ado n'est plus l'objet de soins appropriés. Des pédiatres, des gériatres, mais peu de médecins pour ados.

D'où l'intérêt d'initiatives comme « l'Espace Santé Jeunes », créé à l'Hôtel Dieu de Paris par le docteur Dinah Vernant[2].

---

1. *Je m'en fiche, j'irai quand même ! Quelle autorité avec un adolescent ?*, Patrice Huerre, Albin Michel, 2006.
2. *L'Âge violent*, Le Seuil, 2007.

BIEN DANS SON ÉPOQUE

Avec pour philosophie : « Le corps d'abord. » Un endroit dédié aux ados. Où l'examen clinique favorise la confidence. Quel que soit le motif de la première consultation, vaccin, lunettes, acné. Cet ancien Médecin du Monde estime qu'il est souvent proposé aux jeunes d'exprimer leurs inquiétudes, alors qu'ils n'en ont pas forcément envie. En revanche, elle le vérifie chaque jour, c'est lors d'un bilan de santé qu'ils se confient plus facilement, et posent les questions qui les taraudent.

Lors d'un colloque[1], une étude Ipsos réalisée sur huit cent cinquante adolescents de quinze à dix-huit ans révèle que la santé est au cœur de leurs préoccupations (38 %). Qu'elle arrive même un peu avant l'école (37 %). Et qu'elle est en tête de leurs inquiétudes face à l'avenir. Message reçu, semble-t-il, du côté de l'autorité de tutelle. Puisqu'en février 2008, lors de la présentation du plan « Santé Jeunes », la ministre de la Santé a notamment annoncé la création d'une consultation annuelle, gratuite, chez un médecin généraliste, pour tous les jeunes de seize à vingt-cinq ans.

Sur sa bonne santé, l'ado va devoir être rassuré. Surtout si sa puberté ne se développe pas au même rythme que les autres. Face à ce corps qui change, il a besoin de vérifier s'il est dans la norme. Car ses référents ne sont plus ses parents. Son choix s'est dirigé vers une autre cible. Ses copains. Et c'est pour leur ressembler qu'il passe des heures devant la glace, à essayer un nouveau style, corriger une coiffure rebelle et à faire la grimace. Car bien sûr il ne se plaît pas. Et pourtant, il va devoir se réconcilier avec sa taille, sa peau, sa silhouette. S'accepter. Et pour ceux qui sont fragiles, la puberté peut jouer un rôle de révélateur. Les faire basculer dans l'excès. En particulier l'anorexie chez les filles.

---

1. 4e forum Adolescences, le 21 mai 2008, organisé par la fondation Wyeth.

Ados plus longtemps

Pour eux l'extérieur n'a rien de sécurisant. Ils vivent à la maison comme dans un cocon douillet. Le quitter ? Le plus tard possible. Pas pressés de se frotter aux nouvelles lois du marché qui n'offrent aucune sécurité. Ni encouragés à s'installer dans une société qui zappe en permanence et qui, plus que jamais, s'appuie sur l'immédiateté. Comment faire mieux quand il suffit d'un clic pour tout avoir. Ses achats, l'actualité en direct, des échanges à l'autre bout du monde. Une facilité qui rend le futur improbable. Quant à y jouer un rôle ? Vous avez dit rôle ? Les générations précédentes avaient hâte de quitter la « cellule » familiale, briser les chaînes d'une maison-prison pour à son tour, faire ses preuves. Aujourd'hui, que vont-ils avoir à prouver qui n'ait pas déjà été fait ? C'est ce qu'ils ruminent dans leur chambre, l'angoisse au ventre.

« L'avenir à reculons », l'expression est de Monique Dagnaud, sociologue, dans un essai sur les ados[1] : « Finalement la société telle qu'elle est perçue est peu accueillante, une raison supplémentaire qui incite à freiner une avancée dans le temps, à préférer demeurer dans ce statut de "jeune adulte", pas encore vraiment adulte, en flottaison entre deux états. » La sociologue explique aussi que : « Dans une société où l'accomplissement de soi dans le travail est en perte de vitesse, la famille devient le point d'ancrage. Interrogés en 2003 sur ce qui compte le plus pour eux, les 15-24 ans répondent en premier lieu : la famille dans 52 % des cas. » L'essai aborde également un phénomène nouveau, celui du retour à la maison de ces jeunes adultes, après une déconvenue professionnelle ou sentimentale. Ils seraient 13 % à effectuer « cette boucle », quitter la famille pour y revenir. Tanguy, le retour !

---

1. *La Teuf*, Le Seuil, 2008.

BIEN DANS SON ÉPOQUE

La génération « sois toi-même »

Chronologiquement, il y a eu les « baby-boomers ». Cette génération qui réussissait mieux que les parents. Le nombre de chômeurs ne dépassait pas 400 000. À sa sortie de la fac, un étudiant trouvait du travail et achetait un appartement.

Les difficultés ont commencé après. Quand sont arrivés les « baby-loosers ». Sida, chômage et pouvoir d'achat en baisse. Les *No-future*, les sans avenir.

Aujourd'hui, ils ont été remplacés par ceux que l'on nomme les « You », la génération des « Sois toi-même[1] ».

Ils sont différents. Ils n'ont pas les mêmes attentes.

Ils demandent la vérité, la transparence. Ils sont fascinés par la technologie. Vivent en tribus. Leur mode de fonctionnement est fondé sur le plaisir. Pour agir ils ont besoin d'être motivés, amusés. Ce qu'il faut leur proposer ce sont des « occupassions ». Leur scolarité mériterait d'être plus « fun », plus interactive. Aujourd'hui, le mail est l'outil parfaitement adapté pour communiquer avec eux. Beaucoup mieux que le face-à-face.

Ce qui importe, c'est la créativité

Autre point de divergence : leur but n'est pas d'être le meilleur. Mais de se frayer une place dans la société. Et de se différencier. Avoir des diplômes, ils s'en fichent. En revanche, ils sont soucieux de savoir ce qu'ils valent, quelle est leur valeur marchande. Ils parlent ainsi de leur « employabilité ». Et se dirigent vers les écoles de commerce, les formations courtes. Et si c'est le bois ou la pâtisserie qui les passionne, ils feront ce qui les rendra heureux. Ce qui compte avant tout, c'est leur créativité. L'inverse de ce qui avait cours lors de la génération

---

1. Benjamin Cheminade, Actes du colloque : « Haut potentiel et créativité », AE-HPI – 21 avril 2007, Palais du Luxembourg, Paris.

précédente. Se lancer dans une activité créatrice était marginal. Vécu comme une indiscipline. Aujourd'hui, celui qui va s'en sortir est celui qui va faire preuve d'originalité. Défricher, pour se lancer dans une voie nouvelle.

Soumise au bombardement permanent d'informations, la « net-génération » se nourrit de cette profusion et sait la mettre à profit. Elle a des idées plein la tête.

Mais elle vit aussi dans le concret. C'est la contrepartie. L'action plutôt que le symbolisme ou le social. La sphère économique occupe chez les jeunes le devant de la scène. Cela n'a pas échappé au personnage de Claire[1] qui sermonne ses petits neveux lors d'une réunion de famille, surpris en train de comparer les performances de leurs portables : « Vous me faites de la peine, les loulous… à votre âge, il faut mourir d'amour ! Écrire des poèmes ! Préparer la révolution ! Voler les riches ! Sortir les sacs à dos ! Partir ! Changer le monde ! Mais les gigas, là… Pourquoi pas vos plans d'épargne logement pendant qu'on y est ? »

Vie sexuelle, de moins en moins de tabous

D'après une enquête publiée en 2008 par l'INPES[2] auprès des 11-15 ans dans plusieurs pays, un peu plus du quart des quinze ans déclarent avoir déjà eu des rapports sexuels, les garçons davantage que les filles. En France, d'après l'Inserm[3], l'âge moyen de la première fois est toujours le même, depuis des années, autour de dix-sept ans. À noter que lors de l'enquête, l'âge des personnes interrogées est de dix-huit-dix-neuf ans. Il ne serait pas étonnant que cette statistique évolue, l'âge de la première fois étant certainement en train de rajeunir. Vu leur

---

1. *La Consolante*, Anna Gavalda, Le Dilettante, 2008.
2. Institut national de prévention et d'éducation pour la santé.
3. « Contexte de la sexualité », enquête de 2007.

mode de vie, le niveau avancé de leurs échanges et leur maturité de plus en plus précoce.

Si la sexualité commence plus tôt, la société doit s'adapter et lever certains tabous. En effet, en 2006, plus de treize mille filles de quinze à dix-sept ans ont eu recours à l'IVG[1]. Selon Marie-Pierre Martinet, secrétaire générale du Planning familial : « La sexualité des jeunes n'est pas reconnue. Tant qu'elle sera jugée illégitime, ils auront de grandes difficultés d'accès à la contraception. » Pas facile de voir un médecin et de payer une consultation, sans les parents. Depuis 2001, les infirmières scolaires peuvent délivrer la pilule du lendemain. En 2008, douze mille mineures l'ont demandée. Une sexualité qui a aussi tendance à tomber de son piédestal.

Une banalisation

Si aujourd'hui l'éducation sexuelle des jeunes passe par Internet, il s'agit souvent de films X. Des images qui, visionnées au premier degré, sans décryptage, entraînent une vision brouillée du plaisir.

D'où le risque d'une banalisation de l'acte sexuel, associé à de la pornographie et non plus à de l'amour. S'ensuivent des dérives qui font peur. Pour une paire de chaussures ou le dernier sac à la mode, il arrive que des gamines vendent leur photo sur téléphone portable. Cela va du décolleté à beaucoup plus, selon le tarif. Le phénomène est inquiétant. On parle de pré-prostitution. De la part de mineures qui ont perdu tout sens des limites, prêtes à vendre leur corps pour des raisons futiles. Sans état d'âme.

Le sexe devient ainsi un jeu, qui peut devenir dangereux. Les Anglo-Saxons le nomment le « *Sexting* », dérivé de « *Texting* » pour l'envoi de mots. Il s'agit du déshabillage devant

---

1. *Libération*, Charlotte Rotman, 14 et 15 novembre 2009.

une webcam ou un téléphone portable. Avec la menace qu'un jour ou l'autre les images peuvent se retrouver sur les sites les plus fréquentés du moment. Histoire de se venger de son ex ou de la copine qui a foiré un rendez-vous. Aux États-Unis, en 2008, le phénomène a tourné au drame. Une jeune fille s'est pendue après la diffusion d'images d'elle nue. L'auteur : son ancien petit copain avec lequel elle avait rompu.

Dans les bureaux de l'association « e-enfance » à Paris, 6 % des coups de téléphone concernent le « *sexting* ». Et « souvent ce sont des parents inquiets qui appellent parce qu'ils viennent de tomber sur le contenu du portable de leur fils ou de leur fille », d'après Dominique Delorme, responsable de cette ligne téléphonique spéciale adolescents. Et parmi les appels, il a déjà eu à gérer le cas de deux adolescentes qui s'échangeaient les images de leurs ébats amoureux via leur portable.

Plus que jamais, l'adolescence trouve son ancrage dans la société. Les jeunes, qui font feu de tout bois, se sont emparés des nouvelles technologies. Ils en ont fait leur domaine réservé. Ces maîtres du monde virtuel sont aussi plus concrets, moins rêveurs. Alors, ne seraient-ils plus fleur bleue, amoureux ? Bien sûr que si. Aujourd'hui les ados sont capables de tout. Du pire et du meilleur. Sur tous les terrains...

30. Ingérables, même au foot !

Le journaliste de *L'Équipe*[1] n'y va pas par quatre chemins !
Les 19-20 ans qui viennent de rejoindre le cercle fermé de
l'équipe de France de football seraient-ils tous « jeunes et cons
à la fois ? ». La question est d'importance…

Tout est parti d'un constat établi par les « cadres » des
« Bleus ». Pour ces joueurs trentenaires, qui ont connu l'heure
de gloire avec la victoire en Coupe du Monde en 1998, les
jeunes « footeux » ne respectent plus rien, n'écoutent personne,
ne communiquent pas avec leurs aînés, n'acceptent aucune
remarque et oublient les règles essentielles de la bienséance.
Comment osent-ils refuser de serrer la main de l'entraîneur qui
les fait sortir en cours de match, ou encore s'installer sans
vergogne à table, leur iPod sur les oreilles, à la place habituellement réservée au capitaine de l'équipe[2]… ?

Comme les grands frères des familles standards, les stars de
la génération 98 fustigent le manque d'éducation des plus jeunes.

Pourtant, ces ados à crampons ne manquent de rien, avec
leur salaire mirobolant, le succès, et l'éclairage médiatique.
L'ingratitude serait à son comble…

« Pas si grave », tempèrent de célèbres entraîneurs qui ont

---

1. *L'Équipe*, Jean-Marc Butterlin, 17 février 2009.
2. Prémonitoire au regard du comportement des « Bleus » durant le Mondial de juin
2010 en Afrique du Sud.

fait leurs preuves dans la gestion des plus grands clubs d'Europe. Tels des grands-pères bienveillants, ils portent sur leurs protégés un regard plus nuancé, tandis qu'ils cherchent des explications rationnelles. Qui rassurent...

« Chaque génération n'est pas la photocopie de la précédente », propose magistralement Guy Roux, qui en a vu d'autres.

« *Le plus jeune représente une menace, c'est celui qui veut prendre ta place et personne n'a envie de la perdre* », rajoute Arsène Wenger, enrichi par son regard excentré outre-Manche.

Pour ces éducateurs connus pour leur « parler vrai », il n'y a pas plus de malaise dans les vestiaires qu'auparavant. Les dérapages ont existé de tout temps.

La planète foot est juste le reflet de la société tout entière. Avec la violence, l'intolérance, la dictature de l'image et de l'argent mais aussi le plaisir d'être ensemble, jusqu'à la réussite finale qui a su fédérer une nation « Black-Blanc-Beur ».

Normal que l'on retrouve dans les stades, arènes des temps modernes, les mêmes codes, les mêmes lignes de force et les mêmes enjeux que dans les familles et les écoles.

Le mot de la fin revient à Guy Roux, sage parmi les sages, qui estime que « l'important est de s'adapter ».

L'adolescence est bien universelle...

Conclusion

Quelle mouche a bien pu venir piquer nos ados ?

Eux qui sont nés au moment où on les a voulus, que l'on a aimés comme jamais on n'a été aimé, que l'on a élevés dans une sécurité financière que nos parents n'avaient pas, enfin à l'abri des risques de guerre. Avec la chance d'avoir des parents restés jeunes, un père si complice, une mère tellement active…

Pour quels remerciements ?

L'égoïsme en bandoulière, l'ingratitude comme credo, l'économique comme valeur centrale, tout leur est dû, sauf leurs parents bien sûr, qu'ils estiment périmés… C'est la longue complainte des parents du XXIe siècle.

Dans les consultations de psy, mais aussi dans les cercles d'amis, la même constatation revient en boucle. Qu'a-t-on fait pour en arriver la ?

Et si tout ça n'était qu'un malentendu ?

Ils sont épris de liberté comme nous le souhaitions en 1968. Ils ont le goût des voyages que nous leur avons transmis, ils sont individualistes car la société est elle-même ultra-libérale, ils profitent de la liberté sexuelle que nous avons toujours revendiquée…

Ils se sont juste adaptés. Aux bouleversements technologiques, à l'impératif de créativité, à la dictature de la majorité…

Et si c'était eux qui avaient raison ? Si leur crise actuelle n'était que la meilleure façon de se préparer à une vie d'adulte plus accomplie, plus structurée, plus sereine aussi ?

Si les conflits du quotidien n'étaient qu'un entraînement, indispensable pour réussir les challenges qui les attendent.

Zoé, Quentin, Yanis et les autres, certains de vos excès ont pu désemparer vos enseignants et inquiéter vos parents. Sexe, alcool et vidéos, vous avez souhaité goûter à tout ce que la société vous a proposé, vous a imposé aussi parfois. Loin de vous fragiliser, chaque expérience vous a enrichis sans doute. Il n'y avait vraiment pas de quoi en faire une maladie...

J'ai toujours cru en vous, même quand vous doutiez, et que vos signaux de détresse, souvent maladroits, affolaient votre entourage. Vous avez essuyé quelques désillusions ?

« Même pas mal ! » Sortis indemnes de l'averse hormonale, aguerris par les tempêtes familiales, vous voilà fin prêts pour de plus grandes traversées.

Je crois en votre avenir. Très fort...

Annexes

1. « TROUBLES MENTAUX : DÉPISTAGE ET PRÉVENTION CHEZ L'ENFANT ET L'ADOLESCENT »

Une expertise collective de l'Inserm – Février 2003

Un enfant sur huit souffre d'un trouble mental en France. Qu'il s'agisse d'autisme, d'hyperactivité, de troubles obsessionnels compulsifs, de troubles de l'humeur, d'anxiété, d'anorexie, de boulimie ou de schizophrénie, ces troubles peuvent avoir un retentissement considérable sur le devenir de l'enfant. Pourtant, il s'écoule souvent plusieurs années entre l'apparition des premiers symptômes et leur dépistage. Parents, enseignants, éducateurs et médecins doivent être mobilisés pour réduire ce temps de latence. Pour cela, ils ont besoin d'être mieux informés, et formés à l'usage d'outils de repérage bénéficiant des dernières avancées de la recherche.

Quelques chiffres

5 % des enfants souffrent de troubles anxieux, et 1 à 2 % sont hyperactifs.

À l'adolescence, les troubles de l'humeur (troubles dépressifs et troubles maniaco-dépressifs…) augmentent puisqu'ils touchent 3 % des 13-19 ans.

La boulimie concerne 1 % des jeunes filles de 17-19 ans. Et l'anorexie affecte 0,2 % des adolescentes de 15-19 ans, si l'on ne considère que les formes d'anorexie restrictive pure.

Quant à l'autisme et à la schizophrénie, il s'agit de maladies plus rares, qui touchent moins de 1 % des enfants et des adolescents.

2. QUELQUES CLÉS POUR FACILITER LA RELATION ENTRE LE MÉDECIN ET L'ADO

- l'assurer du secret
- parler à « bâtons rompus »
- s'intéresser à ses loisirs
- ne pas critiquer les parents, ne pas être leur complice non plus
- être bienveillant sans être copain
- ne pas utiliser son jargon
- dédramatiser, lui redonner espoir et confiance
- le replacer dans la dynamique familiale
- lui apprendre quelque chose de nouveau sur lui-même
- ne pas l'écraser sous un étalage scientifique
- le rassurer sur sa « normalité » psychologique
- ne pas se formaliser face à ses variations d'humeur
- s'engager mutuellement sur des contrats à court terme
- proposer un nouveau rendez-vous, qu'il pourra annuler s'il le souhaite
- rester objectif par rapport à ses propres souvenirs d'adolescence

ANNEXES

3. Vingt conseils aux parents

Assimiler les nouveaux codes
Conjuguer fermeté et bienveillance
Manifester de l'intérêt pour son univers
Respecter son intimité
Tolérer certains excès sans les cautionner
Exprimer sereinement les points de désaccord
Ne pas se formaliser face aux provocations
Ne pas sanctionner ce qui n'est pas grave : *look improbable, état de la chambre, tendance « grognon », fléchissement scolaire…*
Rester ferme face aux risques pour sa santé et sa sécurité : *alcool, tabac, vitesse, sexualité…*
Éviter le face à face solennel
Privilégier le parler « à côté » : *en voiture, en bricolant, en cuisinant…*
Accepter de se laisser enseigner ce qu'il sait mieux faire : *informatique, téléphonie…*
S'intéresser à ses passions, valoriser ses progrès
Ne pas réagir en fonction de sa propre adolescence
Accepter de se faire aider par un médecin en cas de désarroi
Avancer « groupés », les deux parents en accord
Ne pas « bouder », même lorsqu'il (elle) déçoit
Reprendre « à froid » les conflits
Ne jamais renoncer aux principes éducatifs
Ne jamais lâcher

4. TOUT CE QUE L'ADOLESCENT DIT EN CONSULTATION
(sans jamais oser le faire face à ses parents !)

J'aimerais que mes parents :
- soient toujours là, mais un peu plus loin
- ne mélangent pas tout (ce qui est grave et ce qui ne l'est pas)
- négligent la forme de mes revendications, et écoutent le fond
- me fassent confiance
- ne me lâchent pas, malgré tout

Je sais bien que :
- au fond ils ont raison, l'alcool et le tabac sont dangereux
- ils font tout ce qu'ils peuvent pour moi

Mais :
- plus ils insistent, plus je me sens obligé de résister
- j'ai parfois peur de les décevoir
- je suis vraiment désolé que ça se passe comme ça
- je les aime

Alors, dites-leur merci pour moi...

ANNEXES

5. ADRESSES

Les Maisons des adolescents

BEAUVAIS
17, rue Biot
60000 Beauvais
Tél : 03 44 06 08 70
Site : www.cg60.fr
BESANÇON
13, rue des Jardins
25000 Besançon
Tél : 03 81 53 97 66
Site : www.ch-novillars.fr
BLOIS
4, rue du Gouffre
41000 Blois
Tél : 02 54 78 26 17
Site : www.ch-blois.fr
BOBIGNY Hôpital Avicenne
125, rue de Stalingrad
93009 Bobigny
Tél : 01 48 95 73 02
Site : www.clinique-transculturelle.org
CAEN
9, rue de la Mare
14000 Caen
Tél : 02 31 15 25 25
Site : www.passado14.fr
LA ROCHE-SUR-YON
Passage Hélène-Boucher
85000 La Roche-sur-Yon
Tél : 02 51 62 43 33
Pas de site
LE HAVRE
14-16, rue Gabriel-Péri
76600 Le Havre

Tél : 02 32 74 27 30
Site : www.ville-lehavre.fr
LORIENT
3, bd de la République
56100 Lorient
Tél : 02 97 64 71 33
Site : www.chcharcot56.fr
LYON
Mutualité du Rhône 10, rue de Sévigné
69003 Lyon
Tél : 04 37 23 65 03
Site : www.maisondesadolescents69.fr
MARSEILLE
169, rue Paradis
13006 Marseille
Tél : 04 91 37 33 77
Site : www.cg13.fr
NANTES
19, rue Racine
44000 Nantes
Tél : 02 40 20 89 65
Site : www.nantes.fr
NICE
12, rue Scaliero
06300 Nice
Tél : 04 93 26 10 92
Site : www.mda-nice.net
PARIS Maison de Solenn
Hôpital Cochin 97, bd Port-Royal
75679 Paris cedex 14
Tél : 01 56 41 24 24
Site : www.maisondesolenn.fr
REIMS
CHU Robert-Debré, av. du Général-Koenig
51092 Reims
Tél : 03 26 78 78 78
Site : www.ville-reims.fr

ANNEXES

RENNES
Hôpital Guillaume-Régnier
214, rue de Chatillon
35200 Rennes
Tél : 02 23 30 39 00
Pas de site
SAINT-BRIEUC
21, rue Saint-Guillaume
22000 Saint-Brieuc
Tél : 02 96 68 64 96
Pas de site
TAHITI Fare Tama Hau
BP 9026 Fare Ute
98715 Papeete Polynésie française
Tél : 00 689 48 80 80
Site : www.faretamahau.pf
VANNES
40, av. Victor-Hugo
56000 Vannes
Tél : 02 97 01 33 21
Site : www.crijbretagne.com

Les écoutes téléphoniques

Fil Santé Jeunes : 3224 ou 01 44 93 30 74 (d'un portable)
Cap Écoute : 0800 33 34 35
Drogues info service : 0800 23 13 13
Écoute Cannabis : 0811 91 20 20
Écoute Alcool : 0811 91 30 30
Tabac Info Service : 0825 309 310

Remerciements

À tous les adolescents et leurs parents, qui m'ont tant appris...

Aux enseignants, qui ont le grand mérite d'accueillir chaque année de nouvelles vagues d'adolescents,

Aux médecins scolaires, qui assurent avec peu de moyens et beaucoup de professionnalisme leur mission médicale au sein de l'école,

Aux infirmières et psychologues scolaires, en première ligne pour évaluer, repérer et apaiser les ados en difficultés,

Aux médecins libéraux, maillons indispensables de l'aide aux familles,

À toute mon équipe de l'Unité 502, irremplaçable, qui avance avec moi depuis plus de vingt ans,

À Gérard Bleandonnu, pour sa relecture amicale et ses conseils pertinents,

À Josée Blanc-Lapierre, sans qui ce livre n'existerait pas,

À ma femme et mes enfants, source inépuisable d'inspiration et de réconfort, sans concessions... (« *Tu es peut-être psychiatre, mais tu n'es pas toujours très psychologue... !* »)

Publications scientifiques de l'auteur

« **La dépression de l'adolescent** », in *Actualités en Psychiatrie de l'enfant et de l'adolescent*, 2002, Flammarion, Paris.

« **Vers une neuro-psychopathologie du développpement** », *Neuropsychiatrie de l'enfant*, 55, 2007.

« **Télé, video, néfastes ou bénéfiques ?** », *Réalités Pédiatriques*, mai/juin2008.

« **Attachement et adolescence** », in *L'Attachement*, 2009, Solal, 171-175.

« **Quoi de neuf en psychiatrie de l'enfant ?** », *Réalités Pédiatriques*, novembre 2009.

« **Tatouage, piercing, scarifications : "Même pas mal !"** », *Réalités Pédiatriques*, décembre 2009.

« **L'adolescence, il ne faudrait pas en faire une maladie** », *Revue d'Orthopédie Dento-Faciale*, septembre 2010.

« **Précocité, talent et troubles des apprentissages** », in *Neuropsychologie des apprentissages*, 2010, Masson.

« **L'adolescence** », Conférence organisée par l'Association Suisse des Enfants Précoces, 8 mai 2010.

DVD diffusé par l'ASEP : www.asep-suisse.org

« **Diagnostic et traitement des troubles d'attention et de l'hyperactivité** », in *TDAH : de la théorie à la pratique*, Masson, 2010.

Table

Avant-propos 9
Introduction : *Je vous les donne* 11
« *Have fun !* » 15

I
« PRENDRE LE LARGE »

1. Enzo : « Dites-leur… » 21
2. « Même pas mal ! » 28
3. Détruire pour mieux se construire 30
4. Léa, incassable 43
5. Grand moment de solitude 52
6. Arno : virtuellement vôtre 54
7. Accros aux écrans 62
8. Independance Day 70

II
« AFFRONTER LE GROS TEMPS »

9. Le cerveau des ados 75
10. Trou d'air 83
11. Zoé et ses ennemis intérieurs 88
12. Quentin, attention fragile ! 95
13. Boris et les rats 102
14. Arthur : à la recherche de son QI perdu 109
15. L'adolescent à haut potentiel 115

III
« Signaux de détresse... »

16. « Je vous en veux... » 125
17. Normal ou pathologique ? 127
18. Yanis, paralysé par l'angoisse 136
19. Norman, seul au monde... 143
20. Anna, plutôt mourir 152
21. L'adolescent déprimé 159
22. Karen, la princesse au « petit pois » 174
23. « Jeûne et jolie » : l'anorexie mentale 187

IV
« Maintenir le cap »

24. Les naufragés du Nebraska 203
25. Parents de rêve 206
26. Le médecin et l'ado 216
27. Sous le soleil, évidemment... 228
28. Cap Écoute 232
29. Bien dans son époque 235
30. Ingérables, même au foot ! 245

Conclusion 247

Annexes

1. « Troubles mentaux : dépistage et prévention chez l'enfant et l'adolescent » 249
2. Quelques clés pour faciliter la relation entre le médecin et l'ado 250
3. Vingt conseils aux parents 251
4. Tout ce que l'adolescent dit en consultation 252
5. Adresses 253

Remerciements 257
Publications scientifiques de l'auteur 258

Pour l'éditeur, le principe est d'utiliser des papiers composés de fibres naturelles, renouvelables, recyclables et fabriquées à partir de bois issus de forêts qui adoptent un système d'aménagement durable.

En outre, l'éditeur attend de ses fournisseurs de papier qu'ils s'inscrivent dans une démarche de certification environnementale reconnue.

*Cet ouvrage a été imprimé
par CPI Firmin-Didot
à Mesnil-sur-l'Estrée
pour le compte des Éditions Lattès
en août 2012*

Phocomposition PCA

Dépôt légal : août 2012
N° d'édition : 06 – N° d'impression : 114293
Imprimé en France